پښتو متنونه:

درسي کتاب په مینځنۍ کچه

د اکبر کرګر او جنید شریف لیکنه

ځانګړني

د کتاب نوم:

پښتو متنونه: درسی کتاب په مینځنۍ کچه

مؤلفان : اکبر کرګر او جنید شریف

چاپ: د کرییت سپیس شرکت

د خرڅلاو ځای: امیزون دات کام

Available at Amazon.com

د چاپ کال : ۲۰۱۴

لړلیک

که اسمان دی د زمری په خوله کی ورکا   د زمري په خوله کی مه پریږده همت

خوشال خان

Abandon the sky inside a lion's mouth
Inside a lion's mouth though
Do not abandon manhood

سریزه

دا کتاب د هغو کسانو لپاره ليکل شوی دی چې لږ تر لږه لومړني ګرامري قوانين او دوه درې سوه روزمره لغتونه يې زده وي . مونږ په هر لوست کې د متن يو ډير شمير لغتونه په انګريزي ترجمه کړي دی خو متنونه مو هماغسې طبيعي پريښې دی نو ځکه پکې يو نيم مغلق جوړښتونه او اوږدې جملې ليدل کيږي . مګر د تمرينونو پوښتنې بيا زياتره په مهمو ټکو او ګټورو لغتونو باندې جوړې شوې دی . د ډيرو تمرينونو ځوابونه هم مونږ د کتاب په پای کې ورکړي دی . ګرامري بحثونه هم تخنيکي او پيچلي نه دی.

د کتاب د ليکنې لويه برخه کرکر صاحب کړی ده . ما ګرامري نوټونه او د لغتونو لستونه زيات کړی دی . تمرينونه هم زما دی.

ددې کتاب سره سې ډی ګانې هم خرڅيږي. ناشرانو و نه مانه چه سې دی مونږ د کتاب سره يو ځای په يو پاکيج کې ورانډی کو خو بيه مو په سې ډی ګانو باندې ډيره ټيټه ټاکلې ده.

د انټرنيټي سايټونو د کارکوونکو او نورو ليکوالانو نه چې د هغو آثار مو دلته شامل کړي دی ډيره مننه کوو. هيله ده چې زمونږ دا هڅې د پښتو ژبې او د افغانستان د فرهنګ د پاره اغيزمنې وي .

جنيد شريف

د اګست مياشت ، ۲۰۱۴ کال

List of Grammar Notes

Plurals	Lesson One
Compound Verbs	Lesson Three
Past tense verb	Lesson Four
Perfective and Imperfective Past	Lesson Five and Six
Adjective and their inflection	Lesson Eight
The Subjunctive , auxiliaries	Lesson Ten
Perfective and Imprerfective Past	Lesson Eleven
Passvie Voice	Lesson Twelve
Present Perfect Tense	Lesson Fourteen
Practice in Changing Tenses	Lesson Thirteen, Fifteen
Future Tense	Lesson Sixteen
Imperative Mood (Command)	Lesson Eighteen
Command Form Practice	Lesson Nineteen
Practice in Verb Tense	Lesson Twenty

About This Book

This reader is intended for English speakers who know the basics of Pashto grammar and a few hundred words, although in-context glossaries follow each lesson, and a master glossary has been added at the end. Listening texts have an audio component which will be indispensable. Since we were unable to shrink wrap the audio CD with the book, we are offering the CD at cost. Please make sure that you obtain the audio for the lessons. We have added a few short lectures on gender, inflection, and verbs as well. Let me take this opportunity to thank my student Angelica Brown, who gave me permission to use her picture on the cover; my colleague Patrick Thompson, who took the picture; and Stacey Sharif, my daughter-in-law, who designed the cover. With all my efforts to prepare an error-free book, there are unfortunately a limited number of format problems that I could not take care of. Please forgive us for these and any other shortcomings

Review of Some Pashto Sounds

a (ant)	is not written	خر
e (sit) very rare in Pashto	not written	Borrowed from Dari
u (put)	not written	ګلاب
schwa (convince)	not written	زه، سل
heavy schwa and y (Russian eyy)	ۍ (feminine ya)	ډوډۍ
a (start)	ا (alef)	لاس
o (note)	و (waw)	مور
oo (root)	و (waw)	توت
ee (street)	ي (ya)	مینه، دیموکراسی
ay (stay)	ې (ya)	ډېر، خبرې
ai (nonexistent in Am. English)	ی (ya)	شی، کرزی
i (ride)	(alef and ya)	خدای
tt (Hindi, not in English)	ټ	موټر، واټ
ts (tsunami)	څ (tsay)	څوک، هیڅ
dz (not in English)	ځ(dzay)	ځوان ، ورځ
zh (treasure)	ږ zhay)	ږوند، روږه
gh (Ghani, not in English)	غ (ghain)	غټ، روغ
rr (Hindi, not in English)	ړ (rray)	سړی، مړ
q (Al-qaeda)	ق (qaf)	قران، شوق (rare in Pashto)
kh (Khomeini)	خ (khay)	خوند، خوښ
x (Spanish j in Jorge)	ښ (xeen)	ښه، اوښ (full SH in W dial)

لومړی لوست

Activity 1-1. Match the words with their English equivalents

Traditions Pashto Language	Pashto zheba Pashtunwala	پشتو ژبه پښتونواله
Origin	Dodoono	دودونو
The Afghan honor code	Larghoonai	لرغوني
These days	Nen sabaa	نن سبا
Ancient	Asel	اصل

Activity 1-2 . Listens to the audio and fill in the blanks from words given in the word bank below.

پښتو د پښتنو د لویو قومونو ژ به ده - په دې ژبه هم
خبرې کوي او هم پرې لیک کوي - له بلې خوا پښتویا
______ د پښتنو قومونو دودونو ته هم وایې چې د دغه
دودونو پر بنسټ خپل ورځنی ټولنیز ژوند اداره کوي -
پښتو چې یوه ______ اروپایي ژبه ده نن سبا پرې
له څلویښتو میلیونو زیات خلک خبري کوي - د دې ژبې
د اصل او بنسټ په هکله ډېرې خبرې کیدلې - ځینو ______
یوڅه او ځینو بل څه ویل - خو په تیره پیړۍ کې د نارویې
یو ژبپوهاند او افغان پیژندونکي مارگنسترن په خپلو څیړنو
کې و ښودله چې دا ژبه یوه شمال شرقي اریایي ژبه ده -
______ پښتو په شرقي اریاني ژبو کې شرقي ایراني بولي
او د ساکانو لرغونې ژبې ته یې ورته او نږدې بولي - که چیرې د

مارګنسټرن خبره ومنو چې پښتو یوه ساکي ژبه ده نو ویلی شو چې لږ تر لږه دوه زره کاله پخوا رواج وه - د ساکانو مشرانو له میلاد څخه سل کاله د مخه په اوسنۍ پښتونخوا کې ژوند پیل کړ - دي ژبې تر اوسه پورې د ودې اوپرمختګ بیلابیل _______ وهلي دي.

نوموړی پښتونواله پراوونه پوهانو لرغونی

Activity 1-3 Match the two columns based on meaning .

چلول	څیرنی
غونډي.	وشودله
تحقیقات	پراوونه
څرګند کړه	ورته (warta)
کاریدله	نږدې
ترقی	ومنو
ننني	رواج وه
پخوا	پیړۍ
مرحلی	دمخه
تقریباً	اوسنۍ
هو ووایو	اداره کول
سل کاله	پرمختګ

Grammar: singular and plural in Pashto:

1. Plural of nouns: irregular forms

In Pashto, as in English, some basic high frequency nouns have an irregular plural form:

ورور ----- ورونه

خور ----خويندې

پښتون ------پښتانه

شپون ------شپانه

2. Plural form of nouns .regular forms

A. Nouns which end in a consonant have a plural ending with oona or aan. There are many exceptions, but in general, nouns referring to persons take aan rather than oona

افغان ---- افغانان

تاجیک ---- تاجیکان

ولسوال ---- ولسوالان

هیواد ------ هیوادونه

مار --- ماران

موټر ----- موټرونه یا موټران

B. All Pashto nouns which end in the masculine ending - ai- have a plural ending -i-

سړی --- سړي

زلمی --- زلمي

C. All Pashto nouns which end in the feminine ending -a- have a plural ending /ay/

منه --- منې

پزه ---- پزې

سترګه ---سترګې

D. Generally, nouns that refer to inanimate objects or many animals and end in a consonant take the plural ending / oona/.

قوم --- قومونه

دود --- دودونه

میلیون --- میلیونونه

خو--- آس -- آسونه

E. Some plurals are rule governed, but they involve some other changes.

خر ----- خره (khreh)

غر ----- غرونه (ghroona)

لارۍ ----- لارۍ (No change)

ساده ----- ساده ګان

پلار ----- پلرونه

The Listening Text

پښتو د پښتنو د لویو قومونو ژبه ده - په دې ژبه هم خبرې کوي او هم پرې لیک کوي - له بلې خوا پښتویا پښتنواله د پښتنو قومونو دودونو - ته هم وایي چې د دغه دودونو په بنسټ خپل ورځنی ټولنیز ژوند اداره کوي - پښتو چې یوه لرغونی اریایي ژبه ده نن سبا پرې له څلویښتو میلیونو زیات خلک خبري کوي - د دې ژبې د اصل او بنسټ په هکله ډېرې خبرې کیدلې - ځینو پوهانو یوڅه او ځینو بل څه ویل - خو په تیره پیړۍ کې د ناروې یو ژبپوهاند او افغان پیژندونکي مارګنسترن په خپلو څیړنو کې وښودله چې دا ژبه یوه لرغونی اریایي ژبه ده - نوموړی پښتو په شرقي اریاني ژبو کې شرقي ایراني بولي او دساکانو لرغونې ژبې ته یې ورته او نږدې بولي - که چیرې د مارګنسترن خبره ومنو چې پښتو یوه ساکي ژبه ده نو ویلی شو چې لږ تر لږه دوه زره کاله پخوا رواج وه - د ساکانو مشرانو له میلاد څخه سل کاله د مخه په اوسنۍ پښتونخوا کې ژوند پیل کړ - دې ژبې تر اوسه پورې د ودې اوپرمختګ بیلابیل پړاوونه وهلي دي-

Activity 1-4 . Write the plural form of the following nouns:

پښتون

قوم

دود

خبره

ژبه

مشر

Read the following text and answer questions.

د مغـولي واکمـن نورالديـن جهانگـير (۱۰۱۴هجـري -۱۶۰۵عيسـوي) نـه تـر (۱۰۳۷هجـري ۱۶۲۷عيسـوي) د واکمنـۍ پـه وخـت کـې پـه ۱۰۲۲ هجـري کـې دپښـتون خـان شـهباز خـان زوی وزيږيـد ، چـې افغـاني تاريخونـو نـه يـوازې دی شـاعر، مفکـر ، او سـياسي او پوځـي مـشر بللـی دی ، بلکـې هـر څـوک چـې د ده پـه فـن او د ده د علمـي او ادبي اثـارو پـه کـره والي پـوه شـوي دي نـو ورتـه پـه درنـه سـترگه گـوري - دا سـتر شـخصيت خوشـال خـان نوميـده -

د اتفـاق لـه مخـې کـه چـيرې د تاريـخ کـوم پلټونکـی د خوشـال خـان د لومـړني ژوندانـه د حالاتـو پـه بـاب وغـوارې معلومـات تـر لاسـه کـړي نـو پـر هغـو بانـدې تـورې پـردې پرتـې دي - يعنـې ډيـر څـه نـه دي ويـل شـوي خـو بيـا هـم دنـړۍ د نـورو مشـهورو کسـانو پـه پرتلـه ډيـر نيکمرغـه دی اودژونـد حـالات يـې روښـانه دي - د خوشـال د کوچنيتـوب ، هلکتـوب ، اوځوانـۍ لنـډ مالومـات چـې لـه تاريـخ نـه مـوږ تـه ترلاسـه شـوي دي د ټولـو سـببونو لـه مخـې مـوږ تـه کافي او پـه زړه پـورې دي - کـه مـوږ د خوشـال د ژونـد حـالات و لولـو چـې پـه پرلـه پسـې توگـه لـه خطرونـو او حوادثـو مقابلـي تـه ولاړ وو نـو دابـه بـې ځايـه نـه وي چـې لـه هغـه سره لـه زانگـو ترگـوره يـو شـور موجـود وو - دغـه شـور د ميرانـې

غـیرت اوازادی غوښــتني شــور وو -

خوشــال نــه یــوازې یــو جنګیالــی بلکــې یــو شــاعر هنرمنــد ، ښــوونکی اوعــالم وو- هغــه چــې پښــتنو تــه څــه پــری ایښــې دي هغــه د ازادۍ غوښــتني یــو ســتر مــیراث دی -

Activity 1- 5. Read the text and answer the following True False questions.

1. Khoshal khan lived in 18th Century. _____
2. Khoshal Khan was a poet and an educator._____
3. He faced many ups and downs in his life ___
4. The key ideal in his life was military advancement. ___
5. Khoshal Khan was born to an Aristocratic family. _____

Glossary

Large/great.adj		لویو
tribes/clans		قومونو
Talk		خبرې
Pashtonwali, Code of conduct	pukhtoon.WAl.a	پښتنواله
Custom -tradition/noun.m		دودونو
Base/foundation.m		بنسټ
Social/adj.m		ټولنیز
Administration/f.noun		اداره
Ancient adj		لرغوني
Nowadays adv		نن سبا
On pre		پرې
Origin		اصل
Linguist		ژبپوهاند
Christian calendar	from Isa (Jesus)	عیسوی
Scholar of Afghan studies		افغان پېژندونکي
Reaserch/f.noun		څېړنو
Showed		وښودله
Northeastern		شمال شرقي
An ethnic group		ساکان
Similar	WAR.ta	ورته

Near, Approximately		نږدې
To accept (subjunctive)		ومنو
Custom		رواج
Leaders (oblique)		مشرانو
Before		دمخه
Current		اوسنۍ
Growth (oblique)		ودې
Development		پرمختګ
Different		بېلابېل
Process-era stage/adj		پړاوونه
Authority		واکمن
Histories (oblique)		تاریخونو
Art, fine art		فن
Scientific		علمي
Maturity		کره والی
Black cover(phrase)		توري پردې
Situations (plural)		حالات
From cradle till grave (idiom)		له زانګو تر ګوره
Show respect (idiom)		درنه سترګه ګوري

دويم لوست

افغانستان اوپښتانه

Activity 2-1. Examine the words in the word bank. Place those words that have to do with places, physical location, etc. on one column and words about people on another column.

Words about People	Words about Places

هیواد—قومی ډلې- شمال - ولایتونه - پښتانه -- ژبې `- واوره -- اقلیم - اکثریت

Activity 2 - 2 . Listen to the audio and fill in the blank spaces in the passage.

افغانستان په اسیا کې یو داسې هیواد دی چې په
برخې یې نیولې دي - د هیوا د ډیر غرونه د
هیواد په ، مرکزي او برخو کې واقع دي-

دې غرونو د افغانستان په ژوره کړي ده او د هیواد اقلیم یې د پر ځای حالت ته دی نو ځکه تل یې په لوړو غرونو سپینې واورې پرتې دي او د لویو سیندونو د سبب ګرځیدلي دي ـ د دې جوړښت په نتیجه کې شنې او درې رامنځ ته شویدي ـ

په دې هیواد کې بیلابیلې قومې ډلې ژوند کوي ـ لکه پښتانه ، تاجیک ، ازبک ، ترکمن ، بلوچ ، پشه یي ، سیکهه ـ پښتانه د دې هیواد تر ټولو ستر قوم دی چې له بدخشان ولایت پرته په ټولو ولایتونو کې تیت پرک دي ـ په ختیزو ، شمال ختیزو جنوب ختیزو ، لویدیځو اوجنوب لویدځو ولایاتو کې په لوی اکثریت ژوند کوي ـ او دټول هیواد نږدې په سلو کې ۵۴ نفوس جوړوي ـ پښتو اودري ددې هیواد دوه ملي او رسمي ژبې دي ـ اوس نورې ژبې لکه ازبکي ، ترکمني ، بلوچي اوپشه یي هم لیکدود لري او په رسنیو کې کارول کیږي ـ

Three fourth	څلوروکې درې
Mountains	غرونو
East	ختیځ
Northwest	شمال لویدیځو
Climate	اقلیم
Effect	اغیزه
Dry	وچوبي
Rainy	باراني
Has turned	را ګرځولی
Source	سرچینو
Prosperous	ابادي
Structure	ښیرازه

Prosperous, fertile	ښيرازه
Valleys	دري (مفرد دره)
Various	بيلابيلي (مونث)
Scattered	تيت پرک
Provinces	ولاياتو (مفرد ولايت)
Majority	اکثريت
Percent	سلو كې
Official	رسمي
Alphabet	ليكدود
The Media	رسنيو
Except	پرته
Population	نفوس
Northeastern	شمال ختيزو
Southwestern	جنوب لويديځو
Fifty-four percent	په سلو کې څلور پنځوس
Various	بيلابيل
Large	ستر
Small	كوچنى

افغانستان په اسيا كې يو داسې هيواد دى چې په څلورو كې دري برخې يې غرونو نيولې دي ـ د هيوا د ډير غرونه د هيواد په ختيځ ، مركزي او شمال لويديځو برخو كې واقع دي- دې غرونو د افغانستان په اقليم ژوره اغيزه كړې ده او د هيواد اقليم يې د وچوبي پر ځاى باراني حالت ته را گرځولى دى نو خكه تل يې په لوړو غرونو سپينې واورې پرتې دي او د لويو سيندونو د سرچينو سبب گرځيدلي دي ـ د دې جوړښت په نتيجه كې شنې ابادي او ښيرازه درې رامنخ ته شويدي ـ

په دې هیواد کې بیلابیلې قومې ډلې ژوند کوي ـ لکه پښتانه ، تاجیک ، ازبک ، ترکمن ، بلوچ ، پشه یي ، سیکهه ـ پښتانه د دې هیواد تر ټولو ستر قوم دی چې له بدخشان ولایت پرته په ټولو ولایتونو کې تیت پرک دي ـ په ختیزو ، شمال ختیزو جنوب ختیزو ، لویدیځو اوجنوب لویدځو ولایاتو کې په لوی اکثریت ژوند کوي ـ او دټول هیواد نږدې په سلو کې ۵۴ نفوس جوړوي ـ پښتو اودري ددې هیواد دوه ملي او رسمي ژبې دي ـ اوس نورې ژبې لکه ازبکي ، ترکمني ، بلوچي اوپشه یي هم لیکدود لري او په رسنیو کې کارول کیږي ـ

دویم تمرین: د متن د لوستلو په مرسته تش ځایونه ډک کړی.

Activity 2-2. Using the words given in the box below, fill in the blank spaces.

۱ د سیندونو د اوبو له امله دری شنی او ــــ دي.

۲ پښتانه په ډیرو ولایتونو کی ــــــ دي.

۳ د افغانستان ــــــ غرونو تر اغیز لاندې دی.

۴ د افغانستان سلو کی ۵۴ ــــ پښتانه دي.

۵ هیواد کی ډېري ژبی شته خو پښتو او دري ــــ ژبی گڼل کېږ ي .

اقلیم رسمي نفوس غرونه تیت او پرک آبادی

Listening text:

افغانستان په اسیا کې یو داسې هیواد دی چې په ځلورو کې درې برخې یې غرونو نیولې دي . د هیواد د ډیر غرونه د هیواد په ختیځ ، مرکزي او شمال لویدیځو برخو کې واقع دي. دې غرونو د افغانستان په اقلیم ژوره اغیزه کړې ده او د هیواد اقلیم یې د وچوبي پر ځای باراني حالت ته را گرځولی دی نو ځکه تل یې په لوړو غرونو سپینې واورې پرتې دي او د لویو سیندونو د سرچینو سبب گرځیدلي دي . د دې جوړښت په نتیجه کې شنې ابادي او ښیرازه درې رامنځ ته شویدي .

په دې هیواد کې بیلابیلې قومې ډلې ژوند کوي . لکه پښتانه، تاجیک ، ازبک ، ترکمن ، بلوچ ، پشه یي ، سیکهه . پښتانه د دې هیواد تر ټولو ستر قوم دی چې له بدخشان ولایت پرته په ټولو ولایتونو کې تیت پرک دي . په ختیزو ، شمال ختیزو جنوب ختیزو، لویدیځو اوجنوب لویدځو ولایاتو کې په لوی اکثریت ژوند کوي . او د ټول هیواد نږدې په سلو کې ۵۴ نفوس جوړوي . پښتو اودري ددې هیواد دوه ملي او رسمي ژبې دي . اوس نورې ژبې لکه ازبکي ، ترکمني، بلوچي اوپشه یي هم لیکدود لري او په رسنیو کې کارول کیږي .

Glossary

Three fourth	ځلوروکې درې
Mountains	غرونو
East	ختیځ
Northwest	شمال لویدیځو
Climate	اقلیم
Effect	اغیزه
Dry (said of climae)	وچوبي wuCHObai

Rainy	باراني
Has turned	را گرځولی
Sources	سرچينو
Prosperous	ابادي
Prosperous, fertile	ښيرازه
Valleys	da.RAY (دري (مفرد دره)
Various	بيلابيلې
Scattered	تيت پرک
Provinces	(ولاياتو (مفرد ولايت
Majority	اکثريت
Percent	سلو کې
Official	رسمي
Alphabet	ليکدود
The Media	رسنيو
Except	پرته
Population	نفوس
Northeastern	شمال ختيزو
Southwestern	جنوب لويديځو
Fifty-four percent	په سلو کې څلور پنځوس
Various	بيلابيل
Large	ster ستر
Small	کوچنی

دریم لوست

Activity 3 - 1. Study the words given below. Without looking up their meaning, try to group them into words that have to do with religion and words that have no religious connection.

مملکت	دقانون محکمه
پیران	شریعت محمدي
حواله کیدل	قرآني قانون
قام	(ملیان) ملایان
عالمان	نظام
غیر مسلم	قاضی القضات
	منصب

Words Related to Religion	Words Not Related to Religion

Activity 3-2. Listen to the audio and fill in the blank spaces with correct words and phrases given in the word bank.

دپاکستان دحکومت رغاونه

د پاکستان د   دولت اعلان چې وشو نو په هغې کې جناح صاحب پخپله گورنر جنرال شو ا ناب زداده لیاقت علی خان   شو. نور هم هغه زاړه مسلم لیگیان وزیران شول لکه چندیگر صاحب او سردار عبدالرب نشتر او هم هغه هندو هریجن جوگدرناټه منډل ته د قانون   وسپارل شوه . مسلم لیگ خو د قام سره دا وعده کړې وه چې دلته به په اسلامي   پاکستان کې شریعت محمدی او قرانی قانون جاری کیږي. ولې اوس خو خلکو ولیدل چې په دی اسلامی مملکت خداداد پاکستان کې د شریعت محمدی   یو هندو ته او هریجن ته وسپارلی شوه. او دا د ملیانوُ عالمانو او پیرانو له پاره یو   شو. په خصوصیت سره د مانکی پیر صاحب د پاره دا ډیره گرانه په دی وه چې پاکستان کې به اسلامی نظام او شریعت محمدی وی خو د باکستان د   منصب نن یو غیر مسلم ته حواله شوی دی نو دا به اسلام او شریعت پوری خندا ده که نور څه دی؟ ددی جواب به چا څه ورکړی وی؟

خان عبدالولی خان . رښتیا رښتیا دي. ۲۴۰ مخ چاپ کابل ۱۹۸۷ د قومونو او قبایلو وزارت افغانستان

وزیر اعظم، محکمه مرکزِی، مملکت ،پیغور ، محکمه، قاضی القضات

Activity 3-3. Listen to the audio and answer the following questions.

1. When the Pakistan state was first created, who was appointed as Governor General?

2. In the first government of Pakistan, who was in charge of defining and interpreting Law?

3. What was promised by Muslim League to the people of Pakistan regarding Islamic Law?

4. When the Mohammadi-Sharia law court was handed to a Hindu, who considered it a payghor?

Activity 3 - 4. Read the following words and change them from the singular to plural form.

	سرحد	پيغور	هندو	وعده	قانون	اعلان	حکومت	مرکز

Grammar:

In Pashto, compound verbs have two parts: adjectival (some times noun) and the verb / کول / or/ کېدل /

کول Makes transitive and / کېدل /intransitive verbs . If the adjectival part ends in a consonant, the / ک / is dropped and only / ول /and / يدل / is ussed.

Example:

Intransitive	Transitive	Noun	Adjective
جنرال کېدل	جنرال کول	جنرال	-
وزیر اعظم کېدل	وزیر اعظم کول	وزیر اعظم	-
جوړول	جوړېدل		جوړ
ورانول	ورانېدل		وران

to make someone a general, to make someone a prime minister; to become a general, to become a prime minister ; to fix, to be fixed; to ruin, to be ruined.

Intransitive: perfective and imperfective.

In the past tense, the helping verb /کېدل / and/ېدل / changes into /شـو / and appropriate endings: زه جـنرال شـوم ، تـه جـنرال شـوی

Another Example: ویجاړېدل

Be+(شو / or / ش + adjective) verb +subject

ودانۍ ویجاړیږي -- ----------- ودانۍ ویجاړه شوه

زه بریالی کیږم ------------ زه بریالی شوم

The building is being ruined ---- The building was ruined

I am succeeding ---- I succeeded

Activity 3-4. change the following sentences to past teense (simple past in English and perfective past in Pashto)

Example:

Present tense- کله چې دپاکستان حکومت جوړيږي

Past tense- کله چې دپاکستان حکومت جوړ شو

۱-چې مارشال ايوب خان گورنر کيږي -

۲-دمسلم ليگ غړي وزيران کيږي -

۳-دقاضي القضات دنده ورسپارل کيږي

۴-دمسلمانانو له پاره پيغور کيږي -

۵-داسلام قانون عملي کيږي -

Activity 3 - 5. Translate the following phrases to English.

۱-څلويښت کاله وروسته

۲-نوی ولايت اوسرحد جوړ کړ -

۳-له هند سره هيڅ دول اړيکي نه درلودل-

۴-له گډوډۍ ځخه وتلی يو نظام -

۵-شرايط اوحالات بيخي پيچلي وو -

۶-پښتانه دژبني اوتاريخي ملحوظاتو له مخې -

۷-يوه نقطه دنويو راتلونكو په ګټه وه -

۸-دسكانو په نسبت انګريزان خلكو ته لږ دسپكاوى وړ وو-

د سرحد پاليسي

مـوړ ولېـدل چـې لـه الفنسـتون څخـه ځلويښـت كالـه وروسـته څـه ډول سـړي راغلـل او لـه اباسـين څخـه تېـر شـول - پـه داسـې خـاوره او هيـواد كـې يـې نـوى ولايـت او سرحـد جـوړ كـړ - چـې خلكـو يـا خـاورې يـې لـه هنـد سره هيـڅ ډول اړيكـې نـه درلـودل - ، دوى پـه څـه ډول كاركاوه ؟

پـه كومـو پرنسـيپونو او لارو چـارو چـې دوى هڅـه كولـه چـې لـه ګـډوډۍ څخـه وتلـى يـو نظام جـوړ كـړي چـې څـه نا څـه تعـادل ولـري او جنـوب خواتـه پـه نيمـه قـاره كـې فعاليـت وكـړي - او خپـل مقصـد تـه ځـان ورسـوي -

د وخـت شرايـط او حالـت بيخـي پيچـلي وو ،پـه لومـړي سر كـې هلتـه هيـڅ ډول نظـم دود او دسـتور حتـى پـه اوارو سـيمو كـې هـم نـه و - لا اقـل د مغـول لـه زمانـې څخـه پـه ګاونډيـو لـوړو سـيمو كـې هيـڅ ډول كنـټرول نـه و، دويـم دا چـې واقعـي حـدود موجـود نـه وو ، چـې ثابـت او مسـتحكم دولـت وشـيي او نـوى قـدرت يـې اداره كـړي - دريـم داچـې ، پښـتانه د ژبنـي ، اتنيكـي ، جغرافيـوى او تاريخـي ملحوظاتـو لـه مخـې د پنجـاب لـه ټولـو مسـلمانانو سره خاص توپيرونـه لـري چـې دې ټكـي تـه پـه لومـړي سر كـې چنـدان توجـه نـه وه شـوې - پـه لومـړۍ مرحلـه كـې يـوه نقطـه د نويـو راتلونكـو پـه ګټـه وه ، هغـه دا چـې د سـكانو لـه چلنـد څخـه خلـك سـتړي وو او بدلـون يـې غوښـت - د سـكانو پـه نسـبت انګريـزان خلكـو تـه لـږ د سـپكاوي او كركـې وړ وو - دا احسـاس يـو منفـي احسـاس وو چـې ډيـره مـوده يـې دوام نـه كاوه -

۵۸۰ مخ پښتانه يا پټانز سر اولف كارو ، ترجمه شير محمد كريمي كال ۱۳۷۸شمسي هجري پيښور دانش كتابفروشي -

Listening text:

د پاكستان دحكومت رغاونه

د پاكستان د مركزي حكومت اعلان چې وشو ، نو په هغې كې جناح صاحب پخپله گورنر جنرال شو اونواب زاده لياقت علي خان وزير اعظم شو - نور هم هغه زاړه مسلم ليگيان وزيران شول لكه چنديگر صاحب اوسردار عبدالرب نشتر او هم هغه هندوهريچن جوگندرناتهه منډل -دي جوگندر ناتهه منډل ته د قانون محكمه وسپارل شوه - مسلم ليگ خو دقام سره داوعده كړې وه چې دلته به داسلامي مملكت پاكستان كې شريعت محمدي او قراني قانون جاري كيږي - ولې اوس خو خلكو وليدل چې په دې اسلامي مملكت خداد پاكستان كې د شريعت محمدي محكمه يو هندو او هريجن ته و سپارلی شوه - اوداد عالمانو ،مليانو اوپيرانو له پاره يو پيغور شو - په خصوصيت سره د مانكي پير صاحب دپاره دا ډيره گرانه په دې وه چې پاكستان كې به اسلامي نظام او شريعت محمدي وي خو د پاكستان د قاضی القضات منصب نن يو غير مسلم ته حواله شوی دی نو دا په اسلام او شريعت پورې خندا ده ،كه نورڅه دي ؟ ددې جواب به چا څه وركړی وي ؟

ددې مسالې بل اړخ ته به لر په بيرته ولاړ شو - دا خبره خو ډيره په تفصيل سره راغلې ده چې پيرنگيانو دخپل بين الاقوامي مغربي سامراجي سياست دپرمختگ دپاره دتقسيم لاره ازاده كړې وه- ولې چې دهغوی منصوبه داوه چې داشتراكي شوروي اتحاد دنظرياتي يلغار نه دبچ كيدو له پاره داسلام

یـو ه نظریـاتي کلا ودرول پـه کار دي ـ چـې دترکیـې نـه دچـین پـورې دفوجـي هـلال غونـډې دشـوروي اتحـاد دغـاړې چاپـیره پریووځـي ـ کـه ددې غـرض پـه تـرسره کولـو کـې هندوسـتان تقسـیمیده نـو دپیرنګـي پـرې څـه ؟ اوکـه مسـلمان پکـې ټوټـې کیـده نـو دپیرنګـې پـرې څـه ؟ کـه سـکهان دمونـډه کونـډه (لـه بیخـه) وتـل نـو دپیرنګـي پـرې څـه ؟ هغـه خـو نـه دهنـدو تربـور و اونـه دمسـلمان دتـرور زوی ـ پیرنګـي خـو پاکسـتان دمسـلمان دښـیګنې لـه پـاره نـه بلکـې دخپـل بـین الاقوامـي سیاسـت دتقاضـو دپـوره کولـو لـه پـاره جوړولـو ـ

خان عبدالولي خان ، رښتیا رښتیا دي ـ ۳۴۰ مخ چاپ کابل ۱۹۸۷

ټوکه

وایـی چـی پـه یـوه کلـی کـی یـو سـړی وو بـی ننـګ نومیـده. نـو چـی زوی ور کـره پیـدا شـو پـه هغـه بانـدی یـی د شرم نـوم کیښـود. څـو کالـه چـی تیـر شـول شرم ناروغـه شـو او وفات شـو. خلـک پاتیـا تـه راغلـی وو او یـو خپلوان د تسـلیت ویلـو پـه وخت وویـل: خدای دی شرم وبخښـی خـو بـی ننګـه وروره څـو چـی تـه ژونـدی یـی خـدای بـه داسـی ډیـر شرمونـه درتـه راوړي.

پوښتنی :

۱. څوک شرم نومیده؟ پلار که زوی؟

۲. کوم یو مړ شو؟ پلار که زوی ؟

۳. چا بی ننګ ته وویل چی نور زامن به خدای در کړي؟

الف . یو خپلوان

ب. یو ګاونډی

ج. د کلی ملا امام

Glossary

Construction		رغاونه
Central		مرکزي
Advertise, Declare		اعلان
Himself, hersef		پخپله
Prime Minister		وزير اعظم
Old (plural)		زاړه
Court of Law		دقانون محکمه
To hand over		سپارل
Tribe (in Pakistani Pashto, nation)		قام
Promise		وعده
Mohammadi –shareia law (rrefers to the name of Prophet Mohammad)		شريعت محمدي
Quranic Law		قراني قانون
Current		جاري
Mullahs (plural)		مليان (ملايان)
Saint, mystical leaders		پيران
Religious scholars		عالمان
Taunt		پيغور
Difficult, expensive		گران
Supreme Court Chief Justice		قاضی القضات
Position, rank		منصب

Non-Muslim		غیر مسلم
To be assigned to		حواله کیدل
Came (plural, past tense)		راغلل
Last		تېر
Border		سرحد
Methods		لارو چارو
Confusion		ګډوډي
Regime/system		نظام
To some extent		څه نا څه
Disgust		کرکه (کرکې)
Completely		بیخي
Complicated		پیچلی
At least		لا اقل
Custom		دستور
Solid		مستحکم
Considerations	mal.hoo.ZAT	ملحوظات
Differences		توپیر ونه
Much, that much (has a negative sense)		چندان
Humiliation		سپکاوی

څلورم لوست

له يوه کېدوال سره دنيکمرغۍ اوبد مرغۍ مرکه

Activity 4-1. Before listening to the audio, divide the words below into two groups: one dealing with love and marriage, and the other unrelated to love and marriage.

بيکاري

وژل

مين

نيستي

خسر

واده

جنسي تيري

Words Unrelated to Love and Marriage	Words Related to Love and Marriage

د مرکې متن

-ولې دې افغانستان پريښود اوبريتانيا ته راغلې ؟

- والا --هلته کار نه پیدا کیده ،بیکاري اونیستي وه ـ

- نوڅه ؟ دلته راغلې چې کار وکړې اوپیسې پیدا کړې ؟

- نه ---نه نور مشکلات هم وو۔

- لکه څنګه ؟

- دکلي په یوې نجلۍ مین وم۔....

- نو هغه دلته بریتانیا ته راغله اوته .....

- نه هغه یې همالته بل چاته ورکړه ـ

- نو ته دلته څه کوې ؟

- دهغې نجلۍ میره اوخسرګنۍ راپسې وو او زه یې وژلم ـ

ولې یې وژلې ؟

-ماهغوی ته کوم بد نه دي وررسولي ، هسې یې خورولم .

- هسې کیدای نه شي ، رښتیا ووایه ـ

ماته یې زور راکړ - - -نجلۍ یې بل چا ته واده کړه ـ اوبیا ما پرې تیری وکړ ـ

-په زوره ؟

-هــو نــو - - - دهغــې رضـا نــه وه ـ دجــوارو پــه پټــو کــې خــو څــوک نــه ول ـ هغــې خپـل میــړه تــه وویــل ـ

-ښــه سربــیره پــر دې چــې هــم وزګار وی اوهــم مــین وې ، نــو تـا جنـسي تــیری هــم کــړی وو۔

ان ترلندنه کتاب څخه دلیکوال پاینده څرګند په اجازه

Activity 4 - 2. Fill in the blanks with words from the word bank.

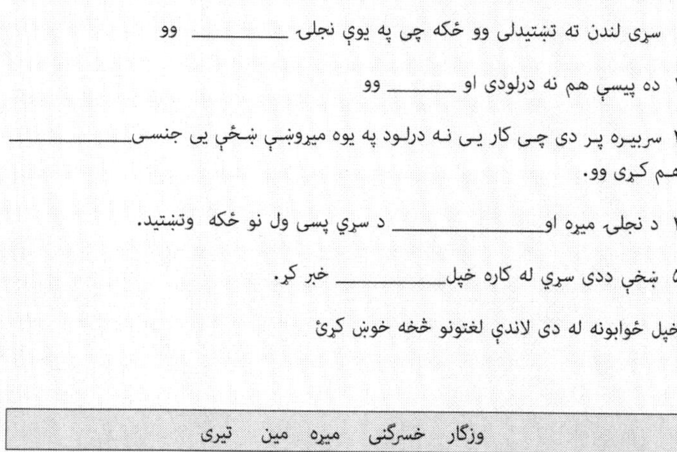

۱ سړی لندن ته تښتيدلی وو ځکه چی په يوې نجلۍ ________ وو

۲ ده پيسې هم نه درلودی او ________ وو

۳ سربيره پر دی چی کار يی نه درلود په يوه ميروښې ښځې يی جنسی ________
هم کړی وو.

۴ د نجلۍ ميړه او ________ د سړي پسی ول نو ځکه وتښتيد.

۵ ښځې ددی سړي له کاره خپل ________ خبر کړ.

خپل ځوابونه له دی لاندې لغتونو څخه خوښ کړئ

وزګار خسرګنی ميړه مين تيری

Grammar: Notice the verb وژلم

This is an example of the imperfective or narrative past, a verb that signifies repeated, continuous action. In this context, the perfective form ووژلم would have made no sense. What the interviewee is saying is, The girl's in-laws and husband were after him and wanted to kill him, although the word «wanted» is not there.

Grammar:

Pashto has a complex past tense. The verb form varies radically between transitive and intransitive verbs. Transitive verbs are those that take an object (to kill). Intransitive verbs do not take an object (to go).

For transitive verbs in the past tense, the following happens

1. The subject changes to oblique form.
2. The verb agrees with the OBJECT (in gender and number)

For intransitive verbs,

1. The subject stays in its original form, not oblique
2. The verb agrees with the SUBJECT.

Here are some examples:

خلکو خپل کورونه پریښودل او خپلې توری تیرې کړې

هلکان سینما ته لاړل خو نجونې په کورو کی پاتی شوې. یوازی تورپیکۍ بازار ته د سودا پسی ولاړه

People left their houses and sharpened their swords.

Boys went to the movies and girls stayed at home. Only Tor Pikei went to the market for shopping.

As you see, خلک changed to the oblique خلکو and the two

verbs, both plural, are masculine and feminine respectively. That is because کور is masculine and توره is feminine.

In the second sentence, the three verbs agree with their respective subjects.

لاړل، پاتی شوې ، لاړه

In the text above, you may have noticed some examples:

Transitive with يې as the subject. They would kill me زه يې وژلم

object of the verb (وژل) > زه

They married the girl to someone else --- نجلۍ يې بل چا ته واده کړه

Transitive with يې as subject and نجلۍ as object

On the other hand notice the verb

I escaped وتښتيدلم

This verb is intransitive with the first person as subject. Note that there is no zeh because the verb ending indicates the first person pronoun, although the full pronoun zeh could have been added optionally

Glossary

Unemployed		وزګار
Problems		مشکلات
Poverty		نیستی
I was in love		مین وم
There was nobody		څوک نه ول
Were after me		را پسی وو
It can't be just like that		هسی کیدای نه شی
It made me upset, I was angered		ما ته یی زور راکړ
Do someone harm	Badh rasawul	بد رسول
They were hurting me for no reason	Hasay yay dzawraWUlem	هسی یی ځورولم
Consent		رضا
Sexual assault		جنسی تیری
In the corn fields		د جوارو په پټو کی
In addition to		سر بیره پر
Married woman	mayROkha	میروښه ښځه

پنځم لوست

Activity 5 - 1. Match the words with their English equivalents.

Stay	فاصله
Desire	پاتی شوم
Distance	بیړۍ
Red Sea	حبشه
Ship	سره بحیره
Ethiopia	خواهش

Activity 5 - 2. Listen to the audio and fill in the blank spaces with words from the word bank.

معلومات	تنگناه	ما غوښتل	محمد (ص)
بحری جهاز	شاه جهان	پایتخت	عربستان
قصد پیدا شو	ورځو سفر	زیات پاتې	مجبور کړم

د جهان لیدلو خواهش زه فلسطین او مصر ته په تګ ، ولې هلته ډیر پاتې نه شوم ـ ما سره دا چې د سرې بحیرې سره له یوه سره تر بله سره اشنا شم ـ د قاهرې لوی ښار څخه ووتم، په کوم کې چې له یوه کاله شوی وو ـ د اوښ د مزله په حساب په دوو دیرشو ساعتونو کې سوییز ته راورسیدم ـ له هغه ځایه په ګلیره (جاز) کې کښیناستم ، د ۱۷

نه یې وروسته په جده کې کوز کړم چې دا ځای د مکې څخه د یوې نیمې ورځې په مزله فاصله لري ـ دلته زما کښته کیدل هم زما د نیت مخالف اوهم د هغې وعدې عکس وو چې ماته د سرې بحیرې ښتن راکړې وه ـ اوس په اصطلاح سره د په پاکه ځمکه کې کوز کړای شوی وم ـ

په جده کې څلور دیرش ورځې پاتې شوم ـ له هغه وروسته په لویه بارګیره بیړۍ کې کښیناستم ؛ له دوو هفتو وروسته د نیکمرغ د سواحلو په اوږدو کې یعنې د ماکو یا بابل مندیب تنګنا ته نږدې راورسیدم ـ ما غوښتل چې د دې ځای نه د ماسوف جزیرې او ارکیکا ته ځان ورسوم اوله هغه ځایه ګاندییر یعنې دحبشی امپراتوری ته ورشم ـ ......

زه په هندې جاز کې کښیناستم، د تنګنا څخه تیر شوم ، د دوه ویشتو ورځو څخه وروسته د لوی مغل هند امپراتور ی دسورت په بندر کې کوز شوم ـ دلته خبر شوم چې دهند امپراتور دی ـ

شاه جهان د (جهان پادشاه) معنی لري ، لکه څرنګه چې تاریخ راکوي ، دجهان ګیر (نړۍ فاتح) زوی او زموږ په اصطلاح دلوی اکبر لمسی دی ـ

دمغلو په دولت کې دوروستیو کودتاو و تاریخ ـ دګل محمد نورزي ترجمه ـ لومړی ټوک ـ ۲۳مخ ۱۳۵۲کال دادبیاتو پوهنځی کابل پوهنتون ـ

Activity 5 -3. Listen to the audio again and answer these questions.

1. What caused the passenger to travel to Palestine and Egypt?
2. How long did he stay in Cairo?
3. After How many days did he reach Jeddah?
4. Where did he travel after Jeddah?
5. How did he reach to the Moghul empire of India?

Grammar:

Perfective Past and Imperfective past

Perfective past does not involve continuous or repeated action. It is typically a one-time occurrence that denotes a tense similar to simple past in English.

Qasem received a doctorate – قاسم ډاکترۍ واخیستله

He ecaped – وتښتید

He was imprisoned -- بندی شو

He opened the door -- دروازه یی خلاصه کړه

The imperfective past conveys habitual, repeated, or continuous action. It is equivalent to the «used to» expressions or what some textbooks call the narrative past.

Qasem was receiving a doctorate -- قاسم ډاکترې اخیستله

He used to escape, would escape -- تښتیده

He used to be imprisoned, would be imprisoned—بندی کیده

دروازه یې خلاصوله –

(He or she) used to open, was opening, would open the door

Note that for the perfective past, the perfective marker «wu» is added in many verbs. Compound verbs, however, do not always take the «wu» marker even in perfective aspect. The verb کړه or کړ , which is part of the compound verb, does not take the «wu» .

I did a lot of work -- ما ډیر کار وکړ

I finished my work -- ما خپل کار خلاص کړ

Here *khlas Kerr* does not take the "wu" particle but *kar wukerr* does. There is a difference between these two in adjectives and nouns, but for now simply note the difference in "wu"

In some compound verbs, perfective and imperfective past are distinguished solely by stress.

KAY.nas.tem I sat down – کیناستم

kay.nas.**TEM** I used to sit, I would sit -- کیناستم

NEna watem I entered – ننه وتم

nena.wa.TEM I used to enter, was entering-- ننه وتم

Activity 5 - 4. Fill in the blank spaces in this paragraph with perfective or imperfective forms of the verbs given as the context demands.

شکور چی لس کلن وو په یو وړوکی ښار کی یی (ژوند کول) .

د دو ی په ښار کی مکتب نه وو نو شکور په کور کی د خپل پلار څخه (درس لوستل)

ورسته چه مکتب (جوړیدل) د شکور پلار خپل زوی په کی (شاملول).

پس له هغه نه شکور په خپل بایسکل باندی مکتب ته (تلل).

Reading:

د هلمند يو لرغونی کلی

کروړيان: د کروړيانو تاريخي کلی د هلمند ولايت د سنګين سروان کلا د ولسوالۍ په منځنۍ برخه کې شتون لري . ختيځ ته يې د ملازو او نيمشېر کلي لوېديځ ته يې د پېروزو په نوم کلي پروت دی سويل ته يې هغه لويه لار چې له ګرشک مېرمندو ،سنګين سروان او کجګر څخه تر (زنداوره) تللې، شتون لري .

د کروړيانو د تاريخي کلی او د نامه وجه د پښتو ژبې د نوميالي شاعر اميرکروړ جهان پهلوان ته منسوب دی او د همده کورنۍ دلته مېشته سوی او تراوسه هم سته . کروړيان چې تر اوسه يې د سروان کلا په خلکو کې خپل نوم ساتلی دی له آره هم هغه د شنسب نيکه اولاده ده چې پر غور، سروان، داور ،بست او ګرمسېرباندي واکمن وو. سوري کورنۍ اوس هم سته چې زوري يې بولي دا نوم ډېره لرغونې مخينه لري چې دعربو په تاريخونو او جغرافيو کې هم زور او زوري ليکل سوي دي .

د اسلامي دورې لومړنی تاريخ ليکونکی چې د سوريانو يا زوريانو نوم يې په خپل کتاب کې راوړی دی هغه احمدبن يحيی مشهور په بلاذري دی . لنده دا چې اميرکروړ هم د همدې کورنۍ نوميالی دی چې د سروان (= سروان کلا) د کروړيانو کلی هم د ده کورنۍ ته منسوب دی چې اوس هم د دې درنې کورنۍ څخه مشر عبدالله (کروړي) يادولای سو.

تاند ويب سايټ

Activity 5 - 5. Match the phrases on the right column to English equivalents on the left.

were in power	۱-کلی پروت دی -
ancient past	۲-شتون لري -
lies the village	۳- ته منسوب دی -
exists	۴-میشت سوی -
relates to	۵. نوم ساتلی دی -
have settled	۶. واکمن وو -
has kept the name	۷. لرغوني مخینه -

Listening text:

د جهان لیدلو خواهش زه فلسطین او مصر ته په تگ مجبور کړم، ولې هلته ډیر پاتې نه شوم - ما سره دا قصد پیداشو چې د سرې بحیرې سره له یوه سره تر بله سره اشنا شم - د قاهرې لوی ښار څخه ووتم ، په کوم کې چې له یوه کاله زیات پاتې شوی وو- د اوښ د مزله په حساب په دوو دیرشو ساعتونو کې سوییز ته راورسیدم - له هغه ځایه په گلیره (بحرې عسکري جاز) کې کښیناستم ، د ۱۷ ورځو سفر نه یې وروسته په جده کې کوز کړم چې دا ځای د مکې څخه د یوې نیمې ورځې په مزله فاصله لري - دلته زما کښته کیدل هم زما د نیت مخالف وو اوهم د هغې وعدې عکس وو چې ماته د سرې بحیرې ښښتن راکړي وه - اوس په اصطلاح سره د محمد (ص) په پاکه ځمکه کې کوز کړای شوی وم-

په جده کې څلور دیرش ورځې پاتې شوم - له هغه وروسته په لویه بارگیره بیړۍ کې کښیناستم ؛ له دوو هفتو وروسته د نیکمرغ

عربستان د سواحلو په اوږدو کې يعنې د ماکو يا بابل منديب تنگنا ته نږدې راورسيدم - ما غوښتل چې د دې ځاى نه د ماسوف جزيرې او ارکيکا ته ځان ورسوم اوله هغه ځايه گانديير يعنې دحبشى امپراتورى پايتخت ته ورشم - ......

زه په هندي جاز کې کښيناستم ، د تنگنا څخه تير شوم ، د دوه ويشتو ورځو څخه وروسته د لوى مغل هند امپراتور ی دسورت په بندر کې کوز شوم - دلته خبر شوم چې شاه جهان دهند امپراتور دى -

شاه جهان د (جهان پادشاه) معنى لري ، لکه څرنگه چې تاريخ معلومات راکوي ، دجهان گير (نړۍ فاتح) زوى او زموږ په اصطلاح دلوى اکبر لمسى دى.

Glossary

To go		تگ (تلل)
Forced me		مجبور کرم
Intention		قصد
I sat	KAY.nas.tem	کښيناستم
Dropped me off		کوز کرم
Walking	maz.LEH (oblique for mazal	مزله
Distance		فاصله
To get off		کښته کېدل
Intention /attempt		نيت
Owner		څښتن

Cargo		بارګیره
Coast		سواحلو (ساحل)
Along		اوږدو
I arrived		راورسېدم
Capital		پایتخت
Ship		جاز
So to speak		په اصطلاح
Grandson		لمسی
World Conqueror		دنړۍ فاتح
Existence, being		شتون
South		سویل
Port		بندر
Ancestor, grandfather		نیکه
Descendents		اولاده
Ruler		واکمن
Strait		تنګنا
Expression		اصطلاح

شپږم لوست

Activity 6 -1. Before listening to the audio, match the words with their English equivalents:

Room	۱ـ کلا
Compound (residence)	۲. زمیندار
Mud	۳. کوټه
Landlord (land owner)	۴ـ نیکه
Grandfather	۵. ختې

Listening Test:

خانان او زمینداران چې د ګڼ فامیل او پراخو کورنیو څښتنان دي ، په خورا لویو او سپیرو کلاګانو کې ژوند کوي ـ په دې کلاګانو کې چې لویې دروازې او جګ جګ دیوالونه لري ، څو چې دکورنۍ نیکه ژوندی وی د کورنۍ ریاست اومشري د نیکه پر غاړه وي ، چې خپل هر ډول تسلط پر خپلو زامنو ، لمسیانو او نورو کشرانو باندې تامینوي ـ

دغه کلاګانې د ختو څخه جوړې دي ، چې دوه بیل عمومي ډولونه لري : یو ډول یې هغه کلاګاني دي ، چې بزګران د سیمه دارانو په حیث د خان د کلا په دننه کې اوسي او داسې کوټې یې ورته جوړې کړې وي، چې ژوند یې ډیر په کې مشکل دی ـ هرکله چې خان خپلو بزګرانو ته ځواب ورکوي او یا بزګران پخپله ترې ووځي اوبلې خواته

ځي نو هلته نو بيا بزګران نوموړي کوټي ايله کوي او پر خپله تره ځي ـ

بل ډول هغه کلا ګانې دي چې د بزګرانو او سيمه دارانو کورونه او کوټې تر کلا د باندې وي ـ کله چې خان کوم بزګر د بزګرۍ څخه و باسي او يا هغه ځنې ولاړ سي ، دلته بيا هم بزګران بيله کوم دليله کور ايله کوي او ځي ـ

په کندهار کې دکورنۍ جوړښت ـ م. ظاهر افق ـ لومړی چاپ ۱۳۶۷ ، دکتاب ۴۳ مخ ـ رشاد خپرندويه ټولنه ـ

Activity. 6 - 2. Using the information in the text, complete the following sentences. The word bank is given below.

خان -- جک ديوالونه -- تسلط – دننه – ځښتنان -- ختو

۱. په ځينو کلاګانو کی بزګران په کلا کی__________ اوسيږی.

۲. کلا ______ _____ او لويی دروازې لري.

۳. بزګرا ن که د کلا نه د باندي هم وي کله چی__________ ورته اړتيا ونه لري دخپلو کورو څخه په وتلو محبور يږي.

۴. که نيکه ژوندی وي نو په کورنۍ باندی خپل __________ ساتي.

۵. کلاګان د ______ څخه جوړ دي.

۶. زميداران د پراخو کورنيو______ دي .

Grammar: Perfective and imperfective continued:

Following are the conjugations of verbs for the first category.

Present tense imperfective

و	تړ	موږ	۱	م	تړ	زه
ئ	تړ	تاسې	۲	ې	تړ	ته
ي	تړ	دوی	۳	ي	تړ	دی دا

Present tense perfective (used in conditional, subjunctive, and other functions)

و	تړ	و	موږ	۱	م	تړ	و	زه
ئ	تړ	و	تاسې	۲	ې	تړ	و	ته
ي	تړ	و	دوی	۳	ي	تړ	و	دی دا

Present imperfective is self-explanatory. Pashto present tense in meaning does not differ from the English present tense. The only difference is that the present may very well convey future action, and only the context can determine if the action is definitively present. In fact, even this ambiguity also exists in English present tense as well.

The present perfective, on the other hand, is rarely used by itself. Instead, it is used with the future marker or probability marker به or in command and subjunctive.

I will send you an email	زه به درته بريښناليک در وليږم
Shall I call a taxi?	تکسي وغواړم؟
If we go to a restaurant, we will have a good time.	که رستوران ته لاړ شو ساعت به مو تير شي
Stop and look	و دريږه او وګوره

Activity 6 - 3. Provide the past imperfective and past perfective form for the given verbs.

1	انعام ورکوي		
2	ګډون کوي		
3	ګواښنه کوي		
4	ملن وهي		
5	تورنوي ـ تورن کوي		
6	تامينوي ـ تامين کوي		

د مصر پېښې او د تحریر ډګر

د جنوری د۲۵ د پاڅون ځیني سببونه ... او زماسترګو لیدلی حال......

هرکال ۲۵ جنوری د مصر د پولیسو ورځ وی (عید الشرطه). په دغه ورځ باندې د پولیسو افسرانو او مشرانو ته د ښه کار کولو مډالونه او انعامونه ورکول کېدل.

ولسمشر په خپله د پولیسو د لمانځنی په غونډو کې ګډون کوی. په دې کال هم پخوانی ولسمشر مبارک په دغه مراسموکی د دوشنبی په ورځ ګډون وکړ یعنی د لاریونونو نه یو ه ورځ د مخه، او په خپله وینا کې یې د اصلاحاتو ژمنی وکړی او همداراز یې هغو حرکتونو او ډلو ټپلو ته ګواښنه وکړه چې د ده په وینا په هېواد کې فتنې ګډوډۍ او بی امنۍ ته لمن وهي. هغه زیاته کړه چې حکومت به دا ډول حرکتونه پرې نږدي چې د مصري ولس لاسته راوړنې زیانمنې کړي. د یادونی وړ ده هرکال د پولېسو د جشن په وخت ځینې حرکتونه د پولېسو د ناروا او بې رحمه چلند پروړاندې لاریونونه کوي. په مصر کې ډېری بشري سازمانونه پولیس تورنوي چې سیاسي او اسلامی بندیانو سره بد چلند کوی. د ۱۹۵۲ د انقلاب نه وروسته او په ځانګړې توګه د مبارک په واکمنۍ کې د مصر دولت یو پولیسي رژیم ګرځېدلی وو. د زرګونو اخوان المسلمین او نورو اسلامیانو سربېره زرګونه هغه سیاسی کسان هم زندان ته د محکمې پرته اچول کېدل چې د رژیم سره یې فکري او سیاسي مخالفت څرګندواوه. او ډېر ځل بندیانو د ډېرو سختو سزاګانو له لاسه ژوند له لاسه ورکړی دی.

Activity 6-4 . Answer the following reading comprehension questions using the text above. Put T for true and F for false.

1. In Egypt, the military is honored with a special day. ___

2. While honoring the soldiers, President Mubarak promised to step down ___

3. The passage cites misconduct and mistreatment of political prisoners as one reason for the demonstrations. ___

4. Mubarak said that he would bring about reforms ____.

5. The roots of the Police State in Egypt go back to the beginning of Mubarak's rule in the 80›s. ___

Glossary

Causes /reasons		سببونه
The situation seen by eyewitness		سترگو ليدلی حال
Rewards		انعامونه
Meeting/gathering		غونډه
Take parts/participation		گډون
Reforms	eslahat	اصلاحاتو
Promises	ZHME.nay	ژمنې
Groups or crowds		ډلو ټپلو
Threat /warning	gwaKHEna	گواښنه
Conspiracy		فتنه
Chaos		گډوډي
Lack of security		بې امني

To ambush/take ambushes		کمین وهل
Avoid /prevent		پرې نه ږدي
Achievements		لاس ته راوړنې
Accuses		تورنوي
Bad behaviour		بد چلند
Police state		پولیسي رژیم
Court		محکمي
Punishment		سزاګانو
Land owners		زمینداران
Extended family		ګڼ فامیل
Clay compounds		سپېرو کلاګانو
Big gates		لویي دروازې
Walls		دېوالونه
Provide(s)		تامینوي
Control, domination		تسلط
Mud, clay		ختو
People from the area		سیمه دارانو
Way /also used as tribal norms		تړه
To free/to release		ایله کوي
Without any reason		بې له کوم دلیل
Revolution		انقلاب
Throw		اچول

اووم لوست

Activity 7 - 1. Before listening to the audio, match these Pashto words with their English equivalents.

Movement (political)	آثار
Works (written)	ديوانونه
Orientalists	شخصيت
Personality, figure	افکار
Collections of Poetry	مستشرقان
Thoughts	تحريک

Activity 7 - 2. Listen to the audio and choose the best answer.

1. What is one common source of information about Mirza Khan Ansari?

A. Western Scholars (Orientlists)

B. Religious Scholars

C. Moghul historians.

2. What is true of Mirza Khan Ansari?

A. He did not fight against the Moghul rulers of India

B. He left the movement and worked with authorities

C. He was the son of Bayazid Roshan

3. How was Rashid Khan related to Mirza Khan?

A. They were brothers

B. Mirza was Rashid's brother-in-law

C. Rashid was Mirza's son-in-law

Activity 7-3. Listen to the audio again and fill in the blank spaces

میرز اخان انصاري څوک و؟

میرزاخان انصاري د زوی او د بایزید روښان لمسی وو. د زیږیدو نیټه یې مالومه نه ده ـ د میرزا خان مور زلیخا او یې نور خاتون نومیده ـ

د میرزاخان انصاري یادونې په قدیمو اثارو لکه دبستان مذاهب ، ځینو قدیمو تاریخي کتابونو ، روښانی شاعرانو اود نورو پښتنو شاعرانو په دیوانونو کې شوي دي ـ خو دده د شرح حال په باب عمده ماخذ حالنامه ده ا و د دې کتاب له یادونو سړی دده د ژوند پیښو په باب جالبې نکتې تر لاسه کولاي شي ـ خو دا چې حالنامه تر ډیره وخته د محققانو تر استفادې لاندې نه وه نو ځکه دده په باب څیړونکو زیاتره د مستشرقانو په لیکنو او هم د پښتنو شاعرانو پر یادونو اتکا کوله.

میرزا خان انصاري د روښاني تحریک یو ډیر برجسته شخصیت وو ـ یا دغه شخصیت د بایزید روښان افکار او لیدتوګه په بشپړه توګه او په سره په خپل کلام کې یاده کړې ده ـ میرزا د خپل تره زوی احداد چې د شیخ عمر زوی وو دمشرۍ لاندې د مغلو د خلاف ځینو جنګونو کې هم شامل وو ـ خو وروستو بیا څه وخت دده یو بل تربور او هم اوخښی الله داد (چې په رشید خان مشهور وو) تحریک یې پریښود ـ نو الله داد (رشید خان) اومیرزا

درسي کتاب په مينځنۍ کچه

خــان دواړه د وخــت د سره کار پيــل کــړ -

د اکبر کرګر ليکنه

Activity 7 - 4. Complete the following sentences with an appropriate verb form. Pay attention to the context so that you choose correctly between perfective and imperfective forms.

١-مېرزا خان انصاري دبايزيد روښان لمسی (دی، وو)

٢. دميرزا خان يادونه په قديمو اثارو کې (وشوه، کيد له)

٣. دميرزاخان مور زليخا (نوميدله ، نوم درلود)

۴. ميرزاخان د بايزيد روښان ليد توګه په بشپړه توګه

(ياده کړې ده ، ياده کړه)

۵. وروستو بيا احداد او ميرزا خان د حکومت سره کار

(پيل کاوه، پيل کړ)

Reading

کورکمن

د ۵ زرو کالو نه وړاندې ایورودا (د سانسکریت په ژبه ژوند پوهنه) په هند کې مروج وه ـ دغه پوهنه لا تر او سه هم خپل ځای لري ـ دا د طبیعي ترکیباتو په وسیله د ناروغیو درملنه ده. هغو کسانو چې په لومړي ځل د طبیعی بوټو (زموږ په اصطلاح یونانی طب) طبابت مروج کړ اوس د نني طب بنسټ ایښودونکي ګڼل کیږي . طبیعي کشف شوي ترکیبات په پراخه پیمانه استعمالیږي ـ ددغو بوټو له جملې څخه یو هم کورکمن یا زردچوبه ده چې د مختلفو ناروغیو په درملنه کې خاص اهمیت لري.

کورکمن هغه وخت د پام وړ وګرځید چې د ایورودا د طب بنسټ ایښودونکو په ګرم مزاجو اشخاصو چې د معدې زخم او التهابي دردونو څخه په تکلیف وو ازمایش کړ او د درد د تسکین لپاره د یوې فوق العاده موثرې مادې په شکل را څرګند شو.

کورکمن د یو ډول نبات یا بوټي ریښه ده چې تریخ او تیز خوند لري او د غذا د خوند د ښه والی له پاره استعمالیږي ـ دا بوټی په اسیایي طبابت کې له لرغونو زمانو راهیسې کاریده. په چیني طبابت کې د مختلفو ناروغیو لپاره لکه بواسیر، نفخ وباد، دژیړي یا هپاتیت کنترول له پاره کارول کیږي ـ همدارنګه د کورکمن له غوړیو څخه د عطر جوړولو له پاره هم کار اخیستل کیږي.

کورکمن په گرمسیر وا سیايي او افریقایي هیوادونو کې کرل کیږي چې هند، چین او اندونیزیا د دې محصول اصلي صادرونکي دي .

کورکمن انتی اکسیدانت خواص لري - کورکمن د کولمو او معدې د انزایم د زیات والي سبب گرځي او ممکن په زیاته اندازه استعمال يې د زخم سبب شي خو په تاکلې اندازه استعمال يې د معدې ترشحات زیاتوي او د معدې له زخم څخه مخنیوی کوي - همدارنگه کورکمن ضد مکروبی خواص لری.

Activity 7-5 . Complete the following sentences using the word bank.

1. The Sanskrit word «Ayurveda» means ________
2. Turmeric increases an important _______
3. In addition to medicinal use, turmeric is also used in making _______
4. Turmeric was first used by Indians to cure __________
5. What was turmeric prescribed for in China? __________
6. Turmeric is actually a(n) _______ .

Science of Life, perfume, gas, enzyme, root, ulcer

Activity 7 - 6 . Change the following sentences to past tense, using the verbs given in parentheses appropriately.

۱- ایورودا دطبیعې ترکیباتو په وسیله دناروغیو درملنه

(ده ، وه ، وې)

۲- طبیعي کشف شوې ترکیبات په پراخه پیمانه استعمال

(کیږي، کیدل ، شول)

۳. په گرم مزاجو اشخاصو کې یې ترکیبي درملونه ازمایښت

(کول، کړل ، کوی)

۴- دا بوټی دمعدې زخم اوالتهابي دردونو له پاره ښه درمل

(دي ، شته ، وي به)

۵.-کورکمن دیو بوټي ریښه (ده ، وه ، کیدله ،)

۶- کورکمن انتي اکسیدانت خواص (درلودل ، لرل ، لري)

Listening text:

میرز اخان انصاري څوک و؟

میرزاخان انصاري د نورالدین زوی او د بایزید روښان لمسی وو - د زیږیدو نیټه یې مالومه نه ده - د میرزا خان مور زلیخا او میرمن یې نور خاتون نومیده -

د میرزاخان انصاري یادونې په قدیمو اثارو لکه د بستان مذاهب ، ځینو قدیمو تاریخي کتابونو ، روښاني شاعرانو اود نورو پښتنو شاعرانو په دیوانونو کې شوي دي - خو دده د شرح حال په باب عمده ماخذ حالنامه ده او د دې کتاب له یادونو سرې دده د ژوند پیښو په باب جالبې نکتې تر لاسه کولای شي - خو دا چې

حالنامه تر ډیره وخته د محققانو تر استفادې لاندې نه وه ، نو ځکه دده په باب څیرونکو زیاتره د مستشرقانو په لیکنو او هم د پخوانیو پښتنو شاعرانو پر یادونو اتکا کوله.

میرزا خان انصاري د روښاني تحریک یو ډیر برجسته شخصیت وو - یا دغه شخصیت د بایزید روښان افکار او لیدتوګه په بشپړه توګه او په تفصیل سره په خپل کلام کې یاده کړې ده - میرزا د خپل تره زوی احداد چې د شیخ عمر زوی وو دمشرۍ لاندې د مغلو په خلاف ځینو جنګونو کې هم شامل و - خو وروستو بیا څه وخت دده یو بل تربور او هم اخښی الله داد (چې په رشید خان مشهور وو) تحریک یې پریښود - نو الله داد (رشید خان) اومیرزا خان دواړه د وخت دحکومت سره کار پیل کړ -

داکټر کرګر لیکنه

Glossary

Was named, called	noomayDEH	نومیده
Ancient		قدیمو
Biography		شرح حال
Reference		ماخذ
Interesting points		جالبې نکتې
Researchers		محققانو
Use		استفادې
Orientalists		مستشرقانو
Rely	Etteka kaWEL	اتکاء کول
Outstanding		برجسته
Son of paternal uncle/ cousin		تره زوی
Son of paternal uncle/ cousin		تربور

Brother- in- law		اخښی
Ayurveda : Life Knowledge		ایورودا (سانسکریت)
Was used, was common		مروج وو
Natural compounds		طبیعي ترکیبات
Medication		درملنه
Founder		بنسټ ایښودونکی
Broad scale		پراخه پیمانه
Noteworthy	de tawajjo warr	دتوجه ور
With hot disposition (humor)		گرم مزاج
Ulcer		معدې زخم
Inflammation pains		التهابي دردونه
Calm/tranquilization		تسکین
Bitter		تریخ
Sharp (said of taste)	tayza	تېز
Hemorrhoid		بواسیر
Gas		نفخ وباد
Jaundice	zhay.RRAI	ژیړی
Antidote	zedd e somoom	ضد سموم
Prevention		مخنیوی
Secretion /leakage	tarashohat	ترشحات
Shortening, oil		غوړي
Period, eopch		عصر
Hot climate		گرمسیر
To grow		کرل
Exporters	saderaWUNki	صادرونکی

Antimicrobal	zed e mekrobi	ضد مکروبي
Knowledge		پوهنه
Place		ځای
Tool, means		وسیله
Disease		ناروغیو
Natural plats		طبیعي بوټو
Founders	benset eikhoDUNkii	بنسټ ایښودونکي
Has been discovered		کشف شوی
Use		استعمال
From among		له جملې څخه
Experiment		ازمایش
Extraordinary	Fawqul ada	فوق العاده
Effective	mo›a.SER	موثر
Matter		ماده
Root	riKHA	ریښه

اتم لوست

Activity 8 -1. Before listening to the audio, provide antonyms or opposites to the words given, using the word bank below.

	عشق
	خوان
	مجازی
	کسبی
	پښتو
	شاعر

حقیقی فطری زور ځیرونکی عقل انګریزی

Activity 8 - 2. Listen to the audio. Then fill in the blank spaces with words from the word bank.

فال کتلو -- عشق ---شعر ---نصیحت - دژوند منحني --دیوان - قومونو--دحقیقي مینې ---سمه لاره --- نیشه مست

رحمان بابا څوک و؟

رحـمان بابـا دپښـتو ژبـې ډېـر مشـهور شـاعر وو. نومـوړی د داسـې دیـوان څښـتن دی چـې پـه دودېـزه توگـه بـه پښـتنو کورنیـو پـه دغـه دېـوان

د رحـمان بابـا د یـوان د ځینـو کسـانو لـه خـوا د « » د دیـوان پـه نـوم هـم یـاد شـوی دی . دا ځکـه چـې هغـه پـه خپـل دیـوان کـې ډېـر ځلـه دخدایـې عشـق اومینـې پـه هکلـه خـبرې کـړي دي . کلـه چـې د رحـمان دیـوان را اړوو ، وینـو چـې پـه هـر پـه هـر نظـم او هـر غـزل کـې د عشـق او عاشـق او معشـوقې کلمـه یـاده شـوي ده. د رحـمان بابـا پـه یـو چـاپ شـوې دیـوان بانـدې چـې پـه انگریـزي ژبـاړل شـوی دی ، دسریـزې لیکـوال دعشـق د پـه نـوم یـاد کـړی دی . یـو افغـان عـالم او څیړوونـکې هـم پـه دې نظـر دی چـې رحمان بابا دمجازي مینې پـه پوړیو

تـه رسـیدلی دی . ځینـې کسـان د ده مینـه یـوازې حقیقـي مینـه بـولي او لـه مجـازي مینـې نـه یـې منکـر دي .

رحـمان بابا پـه پښـتنو کـې دبابـا پـه نـوم یادیـږي . خلـک چـې خـبرې کـوي دده دشـعرونو ساده بیتونـه دخپـل دلیـل لـه پـاره وایـي . دهغـه لـه شعرونو څخـه دپند او لـه پـاره کار اخـلي . درحـمان بابـا پـه شـعرونو کـې سیده او ښـودل شـوې ده . انسـان تـه دخدایې اودعبـادت لاره ورښـی . ښـې اونیکـې لارې تـه خلـک رابـولي .

د رحـمان بابـا لـه ژونـد لیـک مالومیـږي چـې د رحـمان د ژونـد منحنـي لـه پړاووونـو تـیره شـوې ده کـه پـه یـوه پـړاو کـې د ځوانـې او زلمیتـوب پـه وو او د مجـازي مینـې شـمال پـرې لگیـدلي نـو د ذکـر اوعبـادت دلاري داسـې لارښـوونکی هـم دی چـې دخدای سره دمینـې اوتقـوی اوپرهیـز گارۍ درس ورکـوي ۰ درحـمان بابـا پـه بـاور عشـق کسـبي نـه دی فطـري دې اودا داسـې دایـره ده چـې پـه هغـه کـې یـوازې انسـانیت

ځایـدای شي -

Activity 8 - 3. Choose equivalents to phrases or sentences from the text:

مالومه ده چی رحمان مجازی عشق کړی دی	د رحمان بابا د دیوان اصلي محتوا عشق دی
د رحمان بابا شعرونه د مینی په هکله دي	د رحمان د ژوند منحني له پړاووونو تیره شوې ده
دی داسی فکر کوی چی سړی د عشق سره پیدا کیږي	هیڅ منکر دا نه شي ویلای چې ده دې مجازي مینه نه وي کړي
د رحمان با با ژوند د وخت په تیریدو سره بدلون موندلی	دهغه په باور عشق کسبي نه دی فطري دې
د رحمان فکر معنویاتو په لور اوښتی	معنوی الهاماتو ته یی پام شوی

Grammar:

1. In Pashto, adjectives are generally put before nouns.

2. They follow the same rules of gender, number and case as nouns.

3. They are divided into four main groups on the basis of their ending sound:

1. Consonant 2. Diphthongs. 3. Ablaut. 4.Vowels.

It is convenient to first identify the ending sounds of masculine adjectives and then change them to feminine.

See the table below for gender and number of adjectives.

A. formation of feminine from masculine

Feminine	Mascline	Formation	Ending	
سپینه ښځه	سپین سړی	Masculine adjective ending in consonant form their Feminine by adding/ه /	Consonant	1
نرۍ ښځه ښکلې ښځه	نری سړی ښکلی سړی	1. If the stress occurs on the last syllable, the ی is replaced by a feminine diphthong /ۍ / ei 2.if the stress does not occur on the last syllable, the ی is replaced by feminine vowel /ې / ay.	Masculine Diphthong	2
پښتنه ښځه	پښتون سړی	In some masculine adjectives, vowels undergo a change to form feminine adjectives. For example, the ablaut,/و / is dropped and the vowel /ه /is added	Ablaut	3
نیږدې ښځې نامتو ښځه ډاډه ښځه اشنا ښځه بازاري ښځه بازارۍ ښځه	نیږدی سړی نامتو سړی ډاډ ه سړی اشنا سړی بازاري سړی	Adjective ending in vowls /ي /و /aa,/ه //ې/ and/ (a, ay, aa, oo, and i) are the same for masculine and feminine. Adjectives ending in ي (i) can stay unchanged or optionally change to the feminine diphthong ۍ (ei).	vowels	4

B. formation of plural adjectives from singular

Feminine Pl	Feminine Sing	Masculine Pl	Masc Sing	Alternative in Ending Sounds	
سپینې ښځې	سپینه ښځه	سپین سړي	سپین سړی	Masculine: no change Feminine: /ه /is re-placed by /ې /	1
نرۍ ښځې ښکلې ښځې	نرۍ ښځه ښکلې ښځه	نري سړي ښکلي سړي	نری سړی ښکلی سړی	A. Masculine /ی / is replaced by /ي / Feminine: no change in /ۍ / B. Masculine /ی /is replaced by /ي / Feminine: no change in /ۍ /	2
پښتنې ښځې	پښتنه ښځه	پښتانه سړي	پښتون سړی	Masculine /و /is re-placed by /ا / And vowel /ه / is added Feminine: /و /is dropped and /ه / to make a singular which is replaced by /ې /in plural	3
ډاډه ښځې اشنا ښځې نیږدې ښځې نامتو ښځې بازاري ښځې	ډاډه ښځه اشنا ښځه نیږدې ښځه نامتو ښځه بازاري ښځه	ډاډه سړي اشنا سړي نیږدې سړي نامتو سړي بازاري سړي	ډاډه سړی اشنا سړی نیږدی سړی نامتو سړی بازاري سړی	Masculine : no change Feminine: no change	4

Activity 8-4. Provide the feminine form for the adjectives

given:

سور	
زیر	
شین	
سوړ	
اوږد	
محمد زی	
ګلالی	
روسي	
بی پروا	
سوی (SE.wai burned)	

Reading

لکه زه؟!!

ستاسې به په یاد وي چې دملي شورى داومې دورې په انتخاباتو کې ډېرو خلکو ځانونه کاندید کړي وو او هر یو دې مهم کار ته وړاندې کیده - دسره رود عبدالوهاب خان جبارخیل به ویل :

په دې ورځو کې چې دهر چا سره کښینې ، دوکالت بحث کوي اوهر سړی وایي چې دشورا وکیل باید یو پوه ، هوښیار ، پاک ، دردمن او- - - - - - سړي وي -

که ددې خلکو نه پوښتنه وشي لکه څوک ؟

نو ګوته به خپلې سینې ته ونیسي اووبه وایي :

لکه زه !!!

ما داکیسه وکړه : ببرک څاڅي و ویل :

زموږ په خواکې یو سړی و ، هغه به ویل په دې ورځو کې دلته درې تنه بزرگان پیدا شوي دي چې دېرو کراماتو خاوندان دي ـ چا به چې ورته وویل چې څوک دي ؟

هغه به ویل : یو پلانکی دی اوبل پلانکی ---

که چا به وویل چې دریم ؟

هغه به وروسته له خندا ویل :

خلک ما یادوي !

زموږ په وطن کې داسې خلک ډېر دي چې په خپلو مبارکو لاسونو هیڅ کولی نه شي او مقدس ماغزه یې هم له هر څه نه پاک وي، خو په خوږه ژبه ځان هر څه ښوولی شي او په هر ځای کې چې د هر کار له پاره څوک په کار وي ځان وړاندې کوي او تر اعلان د مخه ځان په دې الفاظو کاندیدوي چې :

لکه زه !!

خوږې ترخې لیکوال پروفیسور عبدالله بختانی خدمتگار ۵۷ مخ دلیک نیته ۱۳۲۶ -۱۳۳۶

دچاپ نیته : دوشنبه ۱۳۹۰عقرب ۱۶

Activity 8 - 5. Read the following phrases and words and match them with their English equivalents.

Election	ملي شورا
Holy mind	هوښیار
Wise /conscious	انتخابات
So and so (pronoun)	وکالت
Blessed hands	پلانکی
Elections	مقدس ماغزه
Parliament	مبارکو لاسونو

Listening text

رحمان بابا څوک و؟

رحمان بابا دپښتو ژبې ډېر مشهور شاعر وو-نوموړی د داسې دیوان څښتن دی چې په دودېزه توگه به پښتنو کورنیو په دغه دېوان فال کتلو -

د رحمان بابا د یوان د ځینو کسانو له خوا د «عشق» د دیوان په نوم هم یاد شوی دی - دا ځکه چې هغه په خپل دیوان کې ډېر ځله دخداېې عشق اومینې په هکله خبرې کړي دي -کله چې د رحمان دیوان را اړوو ، وینو چې په هر شعر په هر نظم او هر غزل کې د عشق او عاشق او معشوقې کلمه یاده شویده - د رحمان بابا په یو چاپ شوي دیوان باندې چې په انگریزي ژباړل شوی دی، دسریزې لیکوال دعشق ددیوان په نوم یاد کړی دی - یو افغان عالم

او څیروونکي هم په دې نظر دی چې رحمان بابا دمجازي مینې په پوړیو حقیقي مینې ته رسیدلی دی ـ ځینې کسان د ده مینه یوازې حقیقي مینه بولي او له مجازي مینې نه یې منکر دي ـ رحمان بابا په پښتنو قومونو کې دبابا په نوم یادیږي ـ خلک چې خبرې کوي دده دشعرونو ساده بیتونه دخپل دلیل له پاره وایي ـ دهغه له شعرونو څخه دپند اونصیحت له پاره کار اخلي ـ درحمان بابا په شعرونو کې سیده اوسمه لاره ښودل شوې ده ـ انسان ته دخداې اودعبادت لاره ورښيی ـ ښې اونیکې لارې ته خلک رابولي ـ

د رحمان بابا له ژوند لیک مالومیږي چې د رحمان د ژوند منحني له پړاووونو تیره شوې ده ، که په یوه پړاو کې د ځوانې او زلمیتوب په نیشه مست و او د مجازي مینې شمال پرې لګیدلي نو د ذکر اوعبادت دلاري داسې لارښوونکی هم دی چې دخدای سره دمینې اوتقوی اوپرهیز ګاری درس ورکوي ۰ درحمان بابا په باور عشق کسبي نه دی فطري دې اودا داسې دایره ده چې په هغه کې یوازې انسانیت ځایدای شي ـ

Glossary

Cycle, session (of the Parliament)	dawRA	دوره
Owner		څښتن
Traditional		دودېزو
Did fortune telling (past imperf)		فال کتلو
Exaggeration		مبالغه
A kind of poem		نظم
A lyrical form of poetry		غزل
Love		عشق
Introduction	saRIza	سریزه
Lover		عاشق
Turn (pages)		اړوو
Content	muhtaWA	محتوا
Metaphoric (physical) love		مجازي مینه
True love, love of God or Truth		حقیقي مینه
Denier		منکر
Autobiography		ژوند لیک
Realistic	Waqe'binaNA	واقعبینانه
Curve or graph or life	De zhwnad monhani	دژوند منحني
Scholar	Alem (different from alam)	عالم
Find		مومو(موندل)

Touch, hit		لګېدل
Stages, levels (of mystic cleansing)		پړاوونو
Thought	Tafa.KUR	تفکر
Naturally	Fetri	فطري
Spiritual (opp. Material)	Ma'nawi	معنوي
Inspirations		الهامات
Deliberation	Ta'amol	تامل
parliament		ملي شورا
Election		انتخابات
Candidate		کاندید
In the context : to be nominated		وړاندې کېدل
To set		کښېنې
Parliamentary representation		وکالت
Wise /conscious		هوښيار
Suffering from Pain		دردمن
Ability to perform miracles		کرامات
So-and- so (a man) pronoun	PlanKAI	پلانکی
Blessed , auspicious		مبارک
To offer		وړاندې کوي
Sacred, holy	muqadDAS	مقدس

نهم لوست

Activity 9 - 1. Match the vocabulary with English equivalents.

Leaving the country	پيغور
Generation	دود
Taunt, Shame	له وطنه وتل
Honor	بی غیرتی
Tradition	پت
Cowardice	نسل
Guilty	جرم
Crime	پړ

Activity 9 - 2 . Listen to the audio and fill in the blanks using the word bank provided.

۱-تاوان اوشرم ۲-تولنيز ۳ـ عمل ۴ ـ غيرت ۵ـ لسم ملسی ۶ـ خپگان ۷-پړ (ملامت) ۸- لسم نيکه ۹-نسل ۱۰- پيغور ۱۱- مقرراتو ۱۲-مناسباتو ۱۳-ميراني

پیغور په پښتنو کې

پیغور د ټولو پښتنو په فرهنګ، د ودونو ، ورځني او ژوند کې په یو برابر انګیزه او اغیز لري او د دې خبرې اغیز د پښتنو د ټولنیز و او قبیلوی ځانګړنو پورې اړه لري ـ

په قبیلوي کې پیغور قبلول د مخالف عمل دی ـهر سړی چې دقبیلې د اودودیزو عملونو څخه تېری کوي هغه ته په برخه کېږي ـ پیغور د برخه ده ـ دیوه سړي چې پیغور په برخه شي هغه له وطنه ووځي ـ اوکه پاته هم وي نو که دغه پیغور یو څوك ورپه یادکړي ډېره سخته مقابله او ورسره کوي ـ پیغور له یوه نسل څخه بل ته هم انتقال کوي ـ یعنې که دیوې کورنۍ ته پیغور په برخه شوی وي نو ته یې پیغور ورکول کېږي ـ په خاص ډول هغه پیغور ډېر بد بلل کېږي چې په قبیلوي ننګ کې دبې غیرتۍ څخه ورپېښ شوي وي ـ یعنې دپت ،عزت ناموس په ساتلو کې یو څوك پاتې راغلې وي اوپه خپل وخت یې نه وي کړی ـ

له بلې خوا هر سړی چې جرم وکړي اوپړې اثبات شي پړ دی ـ پړ مجبور دی چې خپل مقابل خواته ورکړي پړ ته پیغور هم په نصیب کېږي ـ نو داځای دی چې پښتانه متل کوي . « په سلو وهلی شه دی نه په یو ه پړ»

دپښتنو قومی اوقبیلوی قاموس

(ابراهیم عطایي) چاپ :۱۹۷۷

Activity 9-3. Match the Pashto words with their English equivalent.

Cowardice		دودونه
Crime		مېړانه
Tenth generation		مقابله
Traditions		لسم لمسی
Bravery		بې غيرتي
Honour		ناموس
Confrontation		جرم

Grammar:

Activity 9-4. On the right column, read the phrases and isolate the adjectives. For each adjective, find a synonym on the left column.

ښو نسله پخوا	۱. قبيلوي مناسبات
زړه ور	۲. لسم نيکه
لوی	۳. سخته مقابله
بين المللی	۴ . نړيواله غونډه
شديده	۵. ستر زعيم
پېژندل شوی	۶. ميړنی سری
قومی	۷. مشهور شاعر
مقايسوی	۸. معنوي ارزښتونه
ښه مهم	۹. کلاسيک اثر
فرهنگی ، غير مادي	۱۰. پرتليزه څېړنه

دستارنامه د خوشال خټک

دستارنامه د پښتو د ستر شاعر او د پښتنو د ستر زعيم خوشال خټک يو ښوونيز او فلسفي اثر دی ـ استاد حبيبي د دې اثر په اړوند يوه پرتليزه څېرنه کړې ده ـ هغه وايي : د دستارنامې ځينې فصلونه له قابوسنامې او سياست نامې سره موافق دي ـ لکه : شعر ، ښکار، داولاد روزنه، علم، تجارت، زراعت، کتابت، موسيقي ، او سطرنج فصلونه په قابوسنامه کې هم شته ـ خو د مشاورت ، عدل ، او انصاف، تربيت ، خدم و حشم ، خوف و رجا بحثونه يې له سياست نامې سره برابر دي ـ د دستارنامې د تحقيق انساب او خصايلو فصلونه د ابن مقفع او ماوردي او جاحظ او غزالي له کتابونو سره شباهت لري او ځيني فصلونه يې د خوشال خان ابتکار دی لکه : اب بازي ، خانداني روابط ، ازدواج د اسونو سپرلي او نور ـ ـ ـ ـ

وايي چې دستارنامه د څېړنو له پاره ډېرې پراخې زمينې لري ـ د اجتماعي علومو د ځينو څانگو څېړونکو او ادبپوهان کولای شي د دې کتاب پر محتوياتو د خپلو څېړنو ستنې ودروي ـ

دستار نامه د خپلو معنوي ارزښتونو له امله نه يوازې په پښتو کلاسيکو اثارو کې بې جوړې کتاب دی ، بلکې د شرق په کلاسيکو اثارو کې هم د پاملرنې وړ اثر دی ـ

په افغاني پوهانو کې تر ټولو د مخه شهيد پوهاند دوکتور سيد بهاءولدين مجروح (۱۹۸۸م) پر دستارنامه يوه څيرنه کړې ده دا څېړنه دوی د ختيز پوهانو په نړيوال کانفرنس کې اورولې وه ـ

Listening text:

پيغور په پښتنو کې

پيغور د ټولو پښتنو په فرهنگ، د ودونو ، ورځنې اوټولنيز ژوند کې په يو برابر انگيزه او اغيز لري او د دې خبرې اغيز د پښتنو د ټولنيزو او قبيلوي ځانگړنو پورې اړه لري .

په قبيلوي مناسباتو کې پيغور قبلول د ميړانې مخالف عمل دی .هر سړی چې دقبيلې دمقرراتو اودوديزو عملونو څخه تېری کوي هغه ته پيغور په برخه کيږي . پيغور دېر (ملامت) برخه ده . ديوه سړي چې پيغور په برخه شي هغه له وطنه ووځي . اوکه پاته هم وي نو که دغه پيغور يو څوك ورپه يادکړي ډيره سخته مقابله اوخپگان ورسره کوي . پيغور له يوه نسل څخه بل نسل ته هم انتقال کوي . يعنې که ديوې کورنۍ لسم نيکه ته پيغور په برخه شوی وي نو لسم لمسي ته يې پيغور ورکول کيږي . په خاص ډول هغه پيغور ډير بد بلل کيږي چې په قبيلوي ننگ کې دبې غيرتۍ څخه ورپيښ شوي وي . غيرت يعنې دېت ،عزت ناموس په ساتلو کې يو څوك پاتې راغلې وي اوپه خپل وخت يې عمل نه وي کړی .

له بلې خوا هر سړی چې جرم وکړي اوپرې اثبات شي پړ دی . پړ مجبور دی چې خپل مقابل خواته تاوان اوشرم ورکړي . پړ ته پيغور هم په نصيب کيږي . نو داځای دی چې پښتانه متل کوي . « په سلو وهلی ښه دی نه په يوه پړ»

دپښتنو قومی اوقبيلوی قاموس

(ابراهيم عطايي)چاپ :۱۹۷۷

Glossary

Customs		دودونه
Motivation		انګېزه
Effect		اغېز
Tribal		قبېلوي
To accept		قبلول
Violation	tay.RAI	تېری
Blame /accused		پړ
Leave the country		له وطنه ووځي
Confrontation		مقابله
Resentment		خپګان
Generation		نسل
Transfer		انتقال
Cowardice		بې غېرتي
Honor		پت ، عزت ، ناموس
To fail		پاتې راتلل
Crime		جرم
Retribution, damage		تاوان
Shame		شرم
Better beaten by a 100 than shamed (blamed) by one		په سلو وهلی ښه دی نه په یو پړ
Great leader		ستر زعیم
Educational		ښوونیز

Comparive		پرتلیزه
Chapters		فصلونه
An old book in Farsi		قابوسنامه
Hunting		ښکار
Child rearing	de awlad ro.ZE.na	داولاد روزنه
Science, knowledge		علم
Business		تجارت
Agriculture		زراعت
Writing		کتابت
Music		موسيقي
Chess	sat.RANJ	سطرنج
Consultation	mo.sha.we.RAT	مشاورت
Conditions	za.mi.NAY	زمینی
Regulations		مقررات
Martyre		شهید
Consultation		مقررات
Works		اثار (اثر)
Generation		نسل
Research		څیرنه
The Book of Politis		سیاست نامه
Matching, compatible		موافق
Justice		عدل
Fairness		انصاف
Manners, teaching politeness		تربیت

Service Crew, Butlers		خدم
Relatives and employees	Ha.SHAM	حشم
Fear		خوف
Hope		رجا
Research, investigation		تحقیق
Geneology		انساب
Characteristics		خصایلو
A scholar's name		ابن مقفع
A scholar's name		ماوردي
A scholar's name		جاحظ
A scholar' s name		غزالي
Similarity		شباهت
Innovation		ابتکار
Swimming		اب بازي
Family relations	KhanadaNI rawa.BET	خانداني روابط
Marriage		ازدواج
Hosrse riding		داسونو سپرلي
Content		محتویات

لسم لوست

Activity 10 - 1. Place the following phrases in the appropriate columns. The selection is about Waziristan.

Geography جغرافيه	Administration اداره

له اداري پلوه - شمالی وزيرستان - د يره اسماعيل خان - پوليتکل اجنټان - مؤظف دی -
گوربز - استوگنه لري - څلور خواوې -- لويديز ته يی پکتيکا -بنو پورې مربوط دي

Activity 10 - 2. Listen to the audio and fill in the blanks with words from the word bank below:

۱- پنځه --۲-دېره ء اسماعيل خان --۳-وانه ۴-جنوبي وزيرستان --۵- بنو --۶-ميرانشاه --
۷-اقتصادي -- ۸-شمالي وزيرستان -۹ پوليتيکل اجنټان

۱-له جغرافیوي او پلوه وزیرستان یوه سیمه ده ـ

۲- بیتني له اداري پلوه په او پورې مربوط دي ـ

۳- له اداري پلوه په دوو برخو ویشله شوې ده -یویې اوبل یې دی ـ

۴- په وزیرستان کې عمده قبیلې استوګنه لري ـ

۵ـ دپاکستان له خوا دوه تنه ټاکل شوي دي چې یو دشمالي

وزیرستان په اوبل دجنوبي وزیرستان په کې موظف دی ـ

Grammar

The Modal Auxiliary baayad باید + Subjunctive

In contrast to the indicative mood, which represents factual situations or a state of affairs, the subjunctive mood shows probable, desirable, or other states that are somehow dependent and pending. The subjunctive in Pashto is used largely in two cases: with auxiliaries or with other words and phrases.

Here are some examples.

must, should	باید
I hope	هیله لرم
must	حتما
I wish	کاش چې
I would like, I am interested	علاقه لرم

should	پکارده
It is necessary	ضرورده
Definitely, Without fail	خامخا

With these and similar expressions, you should use the perfective form of the present verb form. Look at these different forms of the verb ليـکل

Infinitive	ليکل
Present stem	ليک
Present tense for 1st person sing	ليکم
Subjunctive form	و + ليک + م
	وليکم

I must write a letter	زه بايد خط وليکم
I hope you write the letter soon	هيله لرم چی ته ليک ژر وليکې

۱ـ غواړم وزيرستان ته ولاړ شم.

I want to go to Waziristan

۲ـ زه بايد وزيرستان ووينم -

I should see Waziristan

۳- ښايي چې دطاووس بنکې ښکلي وي -

Peacock's feathers may be beautiful

۴-کيدای شي چې دکابل هوا ښه وي

It is possible that Kabul's weather be good

۵- هیله لرم چي په افغانستان کې سوله راشي ـ

I hope that peace arrives in Afghanistan

۶- امکان لري چی اقتصادي بحران پای ته ورسیږي ـ

Economic crisis might end

۷- زیار وباسه چې ځان یو څه ښکلی کړې

Try to make yourself a little beautiful

Note: (There are exceptions like پریوتل ، څملاستل etc.)

The Pashto equivalent of must is the invariable form **baayad**. After **baayad** we have to use a special form of the verb called the subjunctive. This is formed by putting the particle wu.

Activity 10 - 3. Write five sentences using the following words.

۱-باید ---
۲-غواړم ---
۳-هیله لرم ---
۴-نیت لرم ---
۵-علاقه لرم ---
۶-کاش چې ---

Activity 10 - 4. Provide the subjunctive form of the given verbs in the following sentences .

۱- باید ته خپله کورنۍ دنده په پښتو (لیکل)

۲- زه غواړم چی اوبه_ (څښل، څکل)

۳- هیله لرم چی ستا میلمانه سبا ته _ (راتلل)

۴- نیت لرم چی افغانستان ته سفر (کول)

۵- زه به دی یوازي (پریښودل)

۶- دا ضروري دی چی څو تنه چاړواکي دی خپله استعفا (وړاندی کول)

Reading

طاووس او زاڼه

نـكل كـوي چـې يـو طـاووس پـه خپـل ښايسـت او ښـكلا ډيـر مغـرور وو. هـر چاتـه بـه يـې د خپلـو ښـكلو بنكـو سـتاينه كولـه . يـوه ورځ چـې بـاران اوريـدلي وو. د اوبـو پـه هنـداره كـې يـي خپـل تصويـر وليـده. او پـه لـوړ اواز يـي وويـل : راشى زمـا اوړدې لكـۍ تـه وگـورۍ زمـا دښـكلو بنكـو ښايسـته رنگونو ته وگـورىء . وگـورىء چي زه څومـره ښـكلي يـم زه پـه يقـين ددې نرى له ډيرو ښايسـته مارغانو څخه يـم . اوبيا به يي دلكۍ رنگارنـگ اوښـكلي بنكـي وغـوړولي. طـاووس هـري خواتـه كتـل پـه دي تمه چې يـو څوك راشي اودده دښـكلو رنگونو تعريف اوسـتاينه وكړي . دباغ نور مارغان دطاووس ددې ځان ښـودنې او ځـان سـتاينې څخـه ډيـر سـتړي شـوي وو اوغوښـتل يـې طـاووس دې بـد عـادت تـه متوجـه كـړي پـه پـاى كـې داوظيفـه زاڼـې پـر غـاړه واخيسـته اوحـاضره شـوه چـې دطـاووس خولـه

کلکه وتړي . یوه ورځ سهار چې همدا زانه د طاووس تر څنګ روانه وه وې لیده چې طاووس بیا خپلې رنګارنګ بڼکې وغوړولې چې زانه دخپلو بڼکو ستاینې ته وهڅوي او ورته یې وویل : وګوره چې زه څومره ښکلی یم اوته څومره بدرنګه یې زیار وباسه چې ځان یوڅه ښکلی کړې .

زانې په ډیره حوصله طاووس ته په ځواب کې وویل : ښایې چې ستا بڼکې به زما له بڼکو څخه ښکلې وي خو ته بیا نه شې کولی زما په شان والوزې . ستا داښکلې او رنګه بڼکې دومره زور نه لري چې تا له ځمکې څخه اسمان ته پورته کړي. زما بدن به ښایي ستا په نظر ډیر ښایسته نه وي خو زما وزرونه په ډیره اسانی ما اسمان ته پورته کوي . طاووس په دې ډول خپل بد عادت ته متوجه شو اوبیا یې دځان ستاینې څخه لاس واخیست . اوهر کله به یې چې لیدل چې زانې اونور مرغان هرې خواته الوتلای شی . افسوس به یې کاوه .

درس : دنورو سپکول دخپل ځان سپکول دي .

Text of listening:

شمالي وزیرستان

د وزیرو د قبیلې د پیژندلو په برخه کې به بده نه وي چې د دوی د استوګنې سیمې هم وپیژنو .د جغرافیوی او اقتصادي پلوه وزیرستان یوه سیمه ده خو له ا داري پلوه په دوو برخو ویشله شوې ده چې یو یې شمالي وزیرستان او بل یې جنوبي وزیرستان دی .

په وزیرستان کې پنځه عمده قبیلې استوګنه لري: وزیر (احمدزي او اتمانزي) مسید (مسعود) دوړ، ګوربز او بیټني چې مسید ، احمدزي وزیر

او بيټني په جنوبي وزيرستان کې استوګنه لري او بيټني د اداري پلوه په ډېره اسماعيل خان او بنو پورې مربوط دي ـ اتمانزي وزير، دوړ او ګوربز په شمالي وزيرستان کې او سيږي ـ

د پاکستان له خوا دوه تنه پوليټيکل ايجنټان ټاکل شوي دي چې يو د شمالي وزيرستان په ميرانشاه او بل د جنوبي وزير ستان په وانه کې موظف دي ـ د يوه واحد په توګه د وزيرستان څلور خواوې په دې ډول دي: لويديځ او شمال لويديځ ته يې پکتيکا او پکتيا ولايتونه ،شمال او ختيځ ته يې کورمه ، ټل ، بنو او ديره اسماعيل خان او جنوب ته يې ژوب اود شيرانيو سيمه موقعيت لري ـ

پښتني قبيلې داکتر عبدالطيف طالبي ـ ۲۰۰۷ کال دانش خپرندويه ټولنه ـ ۲۸۸مخ

Glossary

Residence		استوګنې
Economically		له اقتصادي پلوه
Political agents		پولیتیکل ایجنټان
Charged/ordained	Mo›aZAF	موظف
Location		موقعیت
They say.. (beginning of a tale)		نکل کوي
His beauty		خپل ښایست
Proud, arrogant		مغرور
Feathers		بنکو
Image		تصویر
Lang tail		اوږدې لکۍ
With confidence		په یقین
Garden		باغ
Other birds		نور مارغان
Self praise		ځان ستاینې
Idiomatically (shut his mouth)		خوله کلکه وتړي
By, along		ترڅنګ
To fly (subjunctive)		والوزي
Colourful feathers	RanGA baNEKKay	رنګه بنکې
Wings	was.ROO.na	وزرونه
Regret (noun)		افسوس

Official		رسمي
Ahmadzi (tribe)		احمدزی
Utmanzi (tribe)		اتمانزی
Masid (tribe)		مسید (مسعود)
Dorr (tribe)		دور
Gorbez (tribe)		گوربز

یوولسم لوست

Activity 11-1. Match the words with their English equivalents.

Importance		امنیت
Analysts		لویدیځ پلوه
Security		څارله
Experts		اهمیت
Western side		سیمه ییز
Watched		ماهران
Regional		شنوونکي

Activity 11 - 2. Listen to the audio of the text and answer the following questions.

1. Who observed the situation of Afghanistan?

2. What did the observers think about the Taliban?

3. Who welcomed the Taliban militia and what was their expectation from them?

4. Did the American experts expect that Taliban would bring stability to the country?

5. Were the Taliban considered an important power?

6. What was the USA's attitude towards the Taliban at the time?

Activity 11 - 3 . Listen to the audio again and fill in the blanks with the appropriate words from the word bnk.

۱ـکانه ۲ـبې پروايي ۳ـشنوونکي ۴ ـسوبې ۵ ـوینې تویونې ۶ـ
ګډوډيو ۷ـ لوړپوړي چارواکي
۸ـ سیمه ییز ماهران ۹ـ لویدیځ پلوه ۱۰ ـ اعتبار ۱۱ ـځارله ـ

په سپینه ماڼۍ ، سي آي ای او په بهرنیو چارو کې یوه نسبتا لږ شمیره امریکایي مامورینو چې دافغانستان وضع یې ، تمایل ښود چې پخپله دطالبانو وېناوو ته ورکړي ـ هغه داچې طالبان یو پاکوونکی بې پایښته ځواک و چې پښتانه به سره متحد اودسولې له پاره به نوی بنسټ جوړ کاندي ـ په بهرنیو چارو کې ، چې دحامد کرزي په څېر طالبانو د ملاتړ و تر اغیز لاندې وو ـ دداسې یوې ملیشې راتګ ته هرکلي وایه چې وبه کولای شي ویشلي پښتانه سره یو ځای کړي ـ

د یوه پر وینا دامریکا دملي امنیت شورای په لومړیو وختونو کې طالبانو ته دیوه داسې ځواک په سترګه کتل چې په کې د نظم دراوستلو لامل به شي ـ په سي ای اي کې شنوونکي هم دې نتیجې ته ورسېدل چې طالبان به افغانستان ته ثبات راولي ـ پردې ګروهه وو چې هغوی به ښایي دله ییزې کمې کړي ـ دهیرو یینو لیږدیدنه به ودروي ـ اودسولې له پاره به واقعي خبرو ته لاره اواره کړي ـ په هغه چټکتیا چې طالبانو ترلاسه کولې دسي ای ای ځینې ورته حیرانېدل خو طالبانو ته دیوې داسې افغان ډلې په سترګه کتل کیدل چې ځانګړې دود یې درلود اوډېر زیات ډاهمیت وړ نه بریښېدل ـدطالبانو سره دمتحده ایالاتو دحکومت چلند په ولاړ وو کله چې دکولورادو یودموکرات سناتور ،سناتور براون دنوی تګ لارې دجوړیدو غوښتنه وکړه نوه دبهرنیو چارو په وزارت کې پرې

غوړونـه شـول ـ

دپېریانو جګړه ۴۳۴ مخ ددانش خپرندویه موسسه دغلام زرملوال ژباړه

Listening text

پـه سـپینه مانـۍ ، سي آي ای او پـه بهرنیـو چـارو کـې یـوه نسـبتا لـږ شـمېره امریکایـي مامورینـو ، چـی دافغانسـتان وضـع یـې ځارلـه ، تمایـل ښـود چـې پخپلـه دطالبانـو وینـاوو تـه اعتبـار ورکـړي ـ هغـه داچـې طالبـان یـو پاکوونکـی بـې پایښـته ځـواک و چـې پښـتانه بـه سره متحـد اودسـولې لـه پـاره بـه نـوی بنسـټ جـوړ کانـدي ـ پـه بهرنیـو چـارو کـې سیمه ییـز ماهـران ، چـې دحامـد کـرزي پـه څېـر دلویدیـځ پلـوه طالبانـو د ملاتـړ و تـر اغیـز لانـدې وو ـ دداسـې یـوې ملیشـې راتـګ تـه هـرکلي وایـه چـې وبـه کـولای شي ویشـلي پښـتانه سره یـو ځـای کـړي ـ

دیوه لـوړ پـوړي چارواکـي پـر وینا دامریکا دملي امنیت شـوری پـه لومړیو وختونو کـې طالبانو ته دیوه داسـې ځواک په سـترګه کتل چې په ګډ وډیو کې دنظم دراوسـتلو لامل به شي ـ په سي ای اي کـې شـنوونکي هـم دې نتیجـې تـه ورسـېدل چـې طالبـان بـه افغانسـتان تـه ثبـات راولي ـ پـردې ګروهـه وو چـې هغـوی بـه ښـایي دلـه ییـزې وینـې تویونـې کمـې کـړې ـ دهـیرو یینو لیږدیدنـه بـه ودروي ـ اودسـولې لـه پـاره بـه واقعي خبرو تـه لاره اواره کړي ـ پـه هغه چټکتیا چـې طالبانـو سـوبې ترلاسـه کولـې دسي ای ای ځینـې شـننونکې ورتـه حیرانېـدل خـو طالبانو ته دیوې داسـې افغان ډلې په سترګه کتل کیدل چې ځانګړی دود یې درلود اوډېر زیات داهمیت وړ نـه بریښـېدل ـدطالبانو سره دمتحـده ایالاتـو دحکومـت چلند پـه بې پرواېـې ولاړ وو کله چې دکولـورادو یودموکـرات سـناتور، سـناتور بـراون دنـوی تـګ لارې دجوړیـدو غوښـتنه وکـړه نـو دبهرنیـو چـارو پـه وزارت کـې پـرې غوړونـه کانـه شـول ـ

دپېریانو جګړه ۴۳۴ مخ ددانش خپرندویه موسسه دغلام زرملوال ژباړه

Grammar:

Past continuous or imperfective past tense

Past continuous or imperfective verb expresses the meaning of repeated or habitual action in the past.

Formation: All Pashto regular verbs take و (wu), at the beginning for the perfective past tense, and if we omit the wu و the tense is changed to continuous or narrative past. For example:

Perfective Form	Imperfective Form	
هغو دافغانستان وضع وڅارله۔	هغو دافغانستان وضع څارله۔	۱
تمایل وښودلو۔	تمایل ښودلو۔	۲
د یوې ملیشې راتګ ته هرکلی و وایه	د یوې ملیشې راتګ ته هرکلی وایه یا ویلو۔	۳
دیو داسې څواک په سترګه و کتل	دیو داسې څواک په سترګه کتل ۔	۴
دسي ای ای شنوونکي ورته حیران شول	دسي ای ای شنونکي ورته حیرانیدل	۵
په چتکتیا چې طالبانو سوبې تر لاسه کړې	په چتکتیا چې طالبانو سوبې تر لاسه کولې	۶

Note: In the latter two sentences we do not have the particle / و /but a change in the stem from یدل to شول and from کولی to کړی

Reading

نکل

کیسه کوي چې یوې ګیدړې قصد درلود چې د زاڼې سره ټوکې وکړي . هماغه و چې ګیدړې زاڼه میلمستیا ته راوبلله . کله چې ماښام زاڼه دګیدړې کورته راغله ګیدړې ډیره مزه داره شوروا په پشقاب کې راوړه .ګیدړې خپله په مزه مزه شوروا له پشقاب څخه څټله. او ویل یې : واه واه دا څرنګه مزه داره شوروا ده . تاته هم مزه درکوي پر ما ګرانه اشنا ؟

اوخپله پزه به یې شوروا ته نژدې کړه او د شوروا په بوی مسته وه . زاڼې په افسوس ورته وویل زه نه پوهیږم چې داشوروا مزه داره ده ځکه چې پشقاب هوار دی اوزه په دې اوږدې مښوکې نه شم کولای چې ستا شوروا وخورم . د ګیدړې همدا هدف وو چې زاڼه وځوروي اود دې ټوکې څخه خوند واخلي . په دې ډول یې په لوږه خندا ټوله شوروا یوازې وخوړه .

څو ورځې پس زاڼې تصمیم ونیو چې د ګیدړې څخه غچ واخلي. خپل پلان یې جوړ کړ ګیدړه یې د ماښام ډوډۍ ته راوبلله زاڼې هم ګیدړې ته شوروا پخه کړه او په یوه صراحي کې چې جګه غاړه یې درلوده راوړه . زاڼې وویل : ګرانې ګیدړې شروع وکړه. اوبیا یې خپله مښوکه صراحي ته ورښکته کړه . اوپه مزه مزه یې د شوروا په خوړلو پیل وکړ اوهمدا یې تکراروله : واه واه ما هم مزه داره شوروا پخه کړې ده .څنګه مزه درکوي ؟ ګیدړې د بریتو له لاندې وویل : زه نه پوهیږم زما خوله شوروا ته نه رسیږي چې وې خورم. زاڼې ورته وویل دا د افسوس ځای دی : ډیر افسوس ځای . نور یې څه ونه ویل اوټوله شوروا یې یوازې وخوړه. اوګیدړې یوازې دخپلې خولې لاړې له ستونې تیرولې. ګیدړه دزاڼې د دې عمل په علت وپوهیده. خو داځل داکار ورته ټوکه نه ښکاریده.

درس: مه کوه په چا چې وبه شي پر تا...

Note the instances of imperfective past tense in this story:

And would repeat this	او همدا یی تکراروله
Licked (was licking) soup tastefully	په مزه مزه شوروا ځټله
And would say	او ویل یی
The fox was passing down only his saliva through his throat	ګیدړې یوازې دخپلې خولې لاړې له ستونې تیرولې

Activity 11 - 4. Complete the sentences using the words from the word bank.

بلل - اوړده - شوروا — توکه -- غچ

۱. ګیدړې غوښتل چې په زاڼه باندې یوه __________ و کړي.

۲. ګیدړې __________ په پشقاب کې واچوله او په خوړلو یې پیل وکړ.

۳. زاڼې د ګیدړې څخه د __________ اخیستلو تصمیم ونیوه.

۴. د زاڼې مشوکه __________ وه نو ځکه یې د صراحی څخه شوروا خوړلی شوه.

۵. ګیدړه د ماښام ډوډۍ ته __________ شوې وه.

Glossary

Invitation for dinner	میلمستیا
Tasty soup	مزه داره ښوروا
With regrets	په افسوس
Flat plate	هوار پشقاب
Beak	مښوکه
Decision	تصمیم
Tall neck	جگه غاړه
Saying to himself lit. Under his moustache	دبریتو لاندې ویل
Proverb: What goes around comes around	مه کوه په چا چې وبه شي پر تا
Relatively	نسبتا
Situation	وضع
Watched	څارله
Tendency	تمایل
Divided	ویشلي
Did not appear	نه بریښیدل
Regional	سیمه ییز
Experts	ماهران
West side	لویدیځ پلوه
Divided	ویشلی

High ranking	لوړ پوړي
Authorities, those in charge	چارواکي
Confusion	ګډوډيو
Analysts	شنوونکي
Move	لېږدېدنه
Unique	ځانګړي
Tradition	Dode دود
Indifference	بې پروايي
Cranes	زاڼې
The fox	ګېدړې (oblique)
Intention	قصد
A pitcher with long neck.	صراحی
Nose	پزه
Tasty	مزه داره
Regrets	افسوس
Smell	بوی
Enjoys	خوند اخلی
Decision	تصمیم
Revenge	غچ
Long neck	جګه غاړه
Saliva	خولې لاړې
Throat	ستونی
Support	ملاتړ
factor	لامل

دولسم لوست

Activity 12 - 1. Group the following words into two groups: those that are related to health and those that are not.

سرچینه - ناروغی—د زړه حمله - د شکري مرض - په ډاګه کړي ده -- روغتیا - پایله - نور مواد

Words Related to Health	Words Unrelated to Health

Study these vocabulary words.

Uneducated	بې تعلیمه
Talent	ذوق اواستعداد
Illiteracy	ناخوانی،
Musicians	سندرغاړو، سندرغاړي
Turned	وروګرځیده
Written literature	تحریري ادبیات

Listen to the audio and fill in the blank spaces .

Listening

خوږه اوچاکليت

ذخيره - مصرف - له مخې - اوه ديرش - پرله پسې - زياتوالی - خواږه -

له پخوا زمانو تجربه شوې وه چې خوږل دانسان بدن اوروغتيا ته سخت زيان رسوي -

دا ځکه چې خوږه زياته انرژي توليدوي اوکه دغه انرژي نه شي نو په تن کې پاتې کيږي اوددې ذخيرې پايله دا کيدای شي چې انسان ته ډول ډول ناروغی پيدا شي -

- په برتانيا کې د روغتياپوهانو يوې ډلې تر ځيرنووروسته په ډاګه کړې، هغه کسان چې ډيرخواږه خواږه اوډول، ډول چاکليتونه خوري نسبت نورو ته زيات د زړه په حملې اخته کيږي .

د ايران ديسناخبري سرچينې د راپور د برتانيا يوډاکټر«سکار فرانکو» له خپلو ملګرو سره په کمبريج پوهنتون کې په دې اړه په سل زرو کسانوباندي يوه ځيرنه کړې چې په پايله کې يې ښودل شوي هغوکسانو چې ډيرخواږه او چاکليت خوړلي وو، په هغوی کې د زړه د حملوچانس له ۲۹ سلنه څخه نيولې تر پوري پورته تللی وو.

د ځيرونکې ډلې مشرډاکټر «سکار فرانکو» سپارښتنه کړي چې په عادي حالاتوکې په کارده چې د چاکليتو اونورو راز، راز خوږو خوږو په کی پاملرنه وشي ځکه چې په دې ډول ډيرو خوږو کې داسي انرژي اونورمواد شته چې انسان د شکرې، د وزن اودغه راز د زړه د حملو په خطر ناکو ناروغيو باندي اخته کوي.

Activity 12- 3. Listen to the audio again and match the Pashto words with the English equivalents.

1. Remains stored in the body	تجربه شوی
2. Has done research on a hundred thousand people	دانسان بدن ته زیان رسوي
3. More than others	په تن کې ذخیره پاتې کیږي
4. Has recommended	ناروغۍ پیدا کیږي
5. Harms human body	نسبت نورو ته زیات
6. Has been experienced	په سل زرو کسانو یوه څیړنه کړې -
7. Diseases come about	سپارښتنه کړې

The listening text

خوږه اوچاکلیت

لـه پخـوا زمانـو تجربـه شـوې وه چـې ډېـر خـواږه خـوړل دانسـان بـدن اوروغتیـا تـه سـخت زیـان رسـوي -

دا ځکـه چـې خـوږه زیاتـه انـرژي تولیـدوي اوکـه دغـه انـرژي مـصرف نـه شي نـو پـه تـن کـې ذخـیره پاتـې کـېږي اوددې ذخـیرې پایلـه دا کیـدای شي چـې انسـان تـه ډول ډول ناروغـۍ پیـدا شي -

- پـه برتانیـا کـې د روغتیاپوهانـو یـوې ډلـې تـر پرلـه پـسې ځېړنوورسـته پـه ډاګـه کـړې، هغـه کسـان چـې ډېرخـواږه خـواږه اوډول، ډول چاکلیټونـه خـوري نسـبت نـورو تـه زیـات د زړه پـه حملـې اختـه کـېږي.

د ایـران دیسـناخبري سرچینـې د راپورلـه مخـې د برتانیـا یوډاکټر«سـکار فرانکـو» لـه خپلـو ملګـرو سره پـه کمبریـج پوهنتـون کـې پـه دې اړه پـه سـل زرو کسـانوباندي یـوه ځېړنـه کـړې چـې پـه پایلـه کـې یـې ښـودل شـوي هغوکسـانو چـې ډېرخـواږه اوچاکلیـت خـوړلي وو، پـه هغـوی کـې د زړه د حملوچانـس لـه ۲۹ سـلنه ځخـه نیولـې تـر۳۷ سـلني پـوري پورتـه تللـی وو.

د ځېړونکـې ډلـې مشرډاکټـر «سـکار فرانکـو» سپارښـتنه کـړي چـې پـه عـادي حالاتوکـې پـه کارده چـې د چاکلیټـو اونـورو راز،راز خـوږو خوږوپـه خوړلوکـې پاملرنـه وشي ځکـه چـې پـه دې ډول ډېـرو خـوږو کـې داسي انـرژي اونورمـواد شـته چـې انسـان د شـکرې، د وزن زیاتـوالي اودغـه راز د زړه د حملـو پـه خطـر ناکـو ناروغیـو بانـدي اختـه کـوي .

تاند ځخه

Grammar:

Note the use of kaydel in changing verbs to the passive voice.

1. Passive voice is formed in Pashto by adding the verb kaydel: present tense kaygi کیږي , past form shu شو . Examine the following examples:

Is experienced, an experiment is coducted Was experienced,	تجربه کیږي تجربه شوه
Is stored in the body. Was stored in the body	په تن کې ذخیره کیږي په تن کې ذخیره شوه .
Is affected by heart disease Was affected by heart disease	دزړه په ناروغۍ اخته کیږي د زړه په ناروغۍ اخته شو
Is studied Was studied (researched)	څیړل کیږي وڅیړل شو

The simple past tense forms of the verb kedel (to become)

Plural	Singular	Person
We became شو (shwoo)	I became شوم	First person
You became شوئ (shwei)	You became شوې (shway)	Second person
They became شول (shwul)	He became شو (shu)	3rd person m
They became شوې	She became شوه (shwah)	3rd person f

Notice that

1. The past tense form of the verb kaydel / shwul is identical in second person singular and third person plural: they are both شوي (shway). Don't confuse this one-syllable word with a two-syllable word spelled the same way but pronounced with the stress on the first syllable. SHEway. That word is present perfect (has become) .

Activity 12 - 4. Study these vocabulary words.

Uneducated	بې تعليمه
Talent	ذوق اواستعداد
Illiteracy	ناخوانی
Musicians	سندرغاړو، سندرغاړي
Turned	وروګرځيده
Written literature	تحريري ادبيات

د ملنګ جان شاعري

د مرحوم ملنګ جان ژوند د یتیمۍ نه شروع کیږي، په بیوسۍ دوام کوي او په بې کسۍ پای ته رسیږي ـ دی د یو تاریخي هیواد د غریبو او بزګرو د طبقې یو ډیر خوار سړی و.

ملنګ جان او د هغه شعر په داسې وخت کې ځوانیږي او پخیږي چې د هیواد د منورینو او زلمیانو ماغزه راویښ شوي او د ابادۍ او ازادۍ سندرې وایي ـ

دا نالوستی او بې تعلیمه شاعر د داسې ملت فرد دی چې لرغونی ادبي عنعنه او ډیر شاعرانه ذوق او استعداد لري ـ شاید د ناخوانۍ په وجه په اوله کې د ملنګ جان مخه د اولس سندرغاړو ته وروګرځېده او شعرونه یې د هغوی په ذریعه ډیر عام شول ـ

د دغو ټولو عواملو تر تاثیر او د پرله پسې هنري زیار اوښې قریحې په برکت ملنګ جان د زیات شهرت خاوند شو او ټولو دی د ملي شاعر په لقب یا د کړ ـ

د مرحوم ملنګ جان شاعري د پښتو د فولکلوري سندرو ډیره وروستۍ او غوره نمونه ده چې د کلاسیکو تحریري ادبیاتو نه یې هم اثر اخیستی دی ـ شاعر په زاړه مګر په زړه پورې او پاخه فورم او قالب کې د خپلې زمانې ډیر مهم او ضروري مسایل اچولي دي ـ او د خپلې جامعې د ضرورتونو انعکاس یې په ښه شان په کې کړی دی ـ

زه ملنګ جان اوخوږې نغمې : سرمحقق عبدالله بختانی خدمتګار ۱۳۸۳ کال ۱۷ مخ

Actvity 12 - 5. Fill in the blank spaces with a word from the word bank supplied.

عادي - ملی - خوارۍ - تعلیم - مینځ ته راغی - سندر غاړو

۱ـدملنګ جان ژوند په ______ پیل کیږي.

۲ـ ملنګ جان یو ______ سړی نه و.

۳ـ دملنګ جان شعر په یوه روښانه او ویښه دوره کی ______

۴ـ ملنګ جان د __________نه بی برخی وو.

۵ـ ملنګ جان د _______ شاعر په لقب یاد شو.

۶ـدملنګ جان شعرونه لومړی د _____ له خوا وپیژاندل شول.

Activity 12 - 6. Are these statements true based on the text?

۱ـ ملنګ جان د کلاسیک او لیکلی کلتور او شعری فرمونو تر اغیز لاندی نه وو.

۲ـ د ملنګ جان شعرونه زیاتره ملی محتویات او مضمون درلود.

۳ـ ملنګ جان خپل پلار په وړکتوب کی له لاسه ورکړ.

۴ـ ملنګ جان سربیره پر دی چی شاعر وو پیاوړی سندرغاړی هم وو.

Glossary

Experiment	تجربه
Sweets	خواږه
Harm	زیان
Stored	ذخیره
Repeatedly	پرله پسې
Expose	په ډاګه کول
Heart attack	دزړه په حملې
One hundred thousand people	سل زره کسانو
Consequence	پایله
Eat	خوړلو
Diabetes	sha.KA.ray شکرې
Being overweight	وزن زیاتوالی
Late (said of deceased persons)	مرحوم
Orphan	یتیم
Poverty	بیوسی
Not having any relatives	بیکسی
Ripens, is cooked	پخیږي
Intelligentsia	منورینو
Songs	سندرې
Uneducated	بې تعلیمه

Talent	استعداد
Illiteracy	ناخوانی
Musicians	سندرغاړو
Turned, changed	ورو‌گرځيده
Folk (literature)	فولکلوري
Written literature	تحريري ادبياتو
Mature	پاخه
Frame, Matrx	قالب
Society	جامعې
Needs	ضرورتونو
Times	زمانو
Spending	مصرف
Body	تن
Be stored	ذخيره کيدل
Various	ډول ډول
Continuity	دوام
Class	طبقې
Grows (Beccomes young)	ځوانيږي
Ancinet literary tradition	لرغوني ادبي عنعنه
Effect, influence	تاثير
Sensibility (poetic)	قريحې
Matrix	قالب
Thrown	اچولی (اچول)
Reflection	انعکاس

دیارلسم لوست

Activity 13 - 1. Match the vocabulary with English equivalents.

Stability	سیاسي ثبات
Power struggle	نشتون
Opportunity	ځای نیونې
Turban Tying (a ceremony)	قدرت طلبی
Coronation	فرصت
Rivalry	رانسکوریدو
Lack	جامع جومات
Arguments and quarrels	تاج ایښودل
Grabbing a place	دستار بندي
Larger mosque (for Friday prayers)	ننګ اوسیالی
Beating and bashing	شخړې اولانجې
Being overthrown	رټلو وهلو

Listening

Activity 13 - 2. Listen to the audio and answer the following questions

۱-په افغانستان کې دسیاسي ثبات نشتون دځه سبب شو ؟

۲-دتیمور شاه له مرګه وروسته ځه پیښ شول ؟

۳.په افغانستان کې کش ماکش دځه سبب شو ؟

۴-سلطنت له کومې کورنۍ څخه کومې ته انتقال شو ؟

۵-دامیر دوست محمد خان امارت دکوم دیني عالم له خوا تایید شو ؟

۶.ملا مشک عالم څوک وو اوځه يې وکړل ؟

۷-دتاج ایښودنې مراسم دچا له خوا ترسره کیدل ؟

Activity 13 - 3. Listen to the audio and fill in the blanks with appropriate words from the word bank below.

۱-جامع جومات	۴- سیاسي ثبات نشتون	۷- مشروعیت
۲-تبدیلیو	۵-بدل رابدل	۸-خپلو موخو ته
۳-ځای نیونې	۶- استقرار نشتون	۹- باچاهۍ جرړې

په افغانستان کې د دیني کړیو رول

په افغانستان کې د او د هغې په تپه دربدل د دې سبب شو، چې د نولسمې پېړۍ په لومړیو دریو لسیزو کې د دیني او مذهبي کړیو د نفوذ ساحه په پر له پسې توګه پراخه شي .

د تيمورشاه له مرګه وروسته   د درانيانو د دې تر څنګ
(1793) په وچيدو شوې. د قدرت پر سر د څلور ويشتو ورونو جګړه او کش
ماکش د دې سبب شو، چې دراني شاهي د زوال پر لور حرکت وکړي. د څه کم
۳۴ کلونو په اوږدو کې څلور باچايان   شول، سياسي مشري له شاه زمان
څخه شاه محمود ته، له شاه محمود څخه شاه شجاع ته او له شاه شجاع
څخه بېرته شاه محمود ته ولېږدول شوه، چې د همدغو   له امله
سلطنت د سدوزيو له کورنۍ څخه د بارکزيو کورنۍ ته، چې د درانيانو يوه
بله پښه وه، انتقال ومونده.

نو ويلای شو چې د سدوزيو او محمد زيو تر منځ د   او قدرت طلبۍ
جګړو ديني کړيو او قبايلي مشرانو ته دا فرصت په لاس ورکړ، چې د خپل
قدرت او نفوذ ساحه پراخه کړي.

له بلې خوا د سدوزيانو په قلمرو کې د سياسي ثبات او   هم
ددې سبب وګرځېد، چې يو شمېر ديني کړۍ او مشران، چې د وخت د نظام
له خوايې ملاتړ کېده، د نظام د بدنامۍ او را نسکورېدو په لټه کې شي.

په هماغو وختونو کې به په پر له پسې توګه له ديني رهبرانوڅخه غوښتنه کېدله،
چې د باچايانو سياسي واک ته   ورکړي. نو ځکه شاهي غوښتونکي
تل د ديني کړيو د جذب او خپلولو په لټه کې وو، غوښتل يې د هغوی په
وسيله   ځان ورسوي او په دې توګه په خپلو دښمنانو پياوړي
شي .

د بېلګې په ډول: د قدرت لېږد د سدوزيانو له کورنۍ څخه د محمدزيانو
کورنۍ ته او د امير دوست محمد خان امارت په 1834 زېږديز کال کې د
يو ديني عالم ميرحاجي لخوا چې د مشهور ديني عالم مير واعظ زوی وو، د
عيدګاه په   کې تاييد شو.

همد راز د امير شېرعلي خان د کونډې (شمس جهان) غوښتنه له ملا مشک
عالم څخه په داسې حال کې چې د افغان _ انګرېز جګړه روانه وه. له ملا مشک
عالم څخه غوښتل شوي وو، چې د هغې تبعيدي زوی محمد يعقوب خان او
يا يې هم لمسی موسی جان د سلطنت کرسۍ ته ورسوي..

معمولاً د تاج اېښودنې او دستار بندۍ مراسم به د يو يا دوه تنو سترو ديني عالمانو لخوا هغه وخت تر سره کېدل، چې چا به د شاهۍ اعلان وکړ. دا کار د ياد باچا د مشروعيت د رسميت پېژندلو لپاره تر سره کېده.

مراسم په دې ډول وو چې ديني عالم به يوه سپينه لونګۍ د شاه پر سر تاووله، له هغه وروسته به يې د قران څو ايتونه لوستل او بيا به ياد ديني رهبر د قران مجيد يوه نسخه هم شاه ته ډالۍ کوله.

د دې کار مانا داوه، چې نوي امير به تعهد کولو، چې د همدې کتاب د ارشاداتو او لار ښوونو مطابق به د خپل حکومت پاليسي جوړوي.

Taand

Listening text

په افغانستان کې د ديني کړيو رول

په افغانستان کې د سياسي ثبات نشتون او د هغې په تېپه دربدل د دې سبب شو، چې د نولسمې پېړۍ په لومړيو دريو لسيزو کې د ديني او مذهبي کړيو د نفوذ ساحه په پر له پسې توګه پراخه شي .

د دې تر څنګ د درانيانو د باچاهۍ جرړې د تيمورشاه له مرګه وروسته (1793) په وچېدو شوې. د قدرت پر سر د شپږ ويشتو ورونو جګړه او کش ماکش د دې سبب شو، چې دراني شاهي د زوال پر لور حرکت وکړي. د څه کم ۳۴ کلونو په اوږدو کې څلور باچايان بدل رابدل شول، سياسي مشري له شاه زمان څخه شاه محمود ته،له شاه محمود څخه شاه شجاع ته او له شاه شجاع څخه بېرته شاه محمود ته ولېږدول شوه، چې د همدغو تبديليو له امله سلطنت د سدوزيو له کورنۍ څخه د بارکزيو کورنۍ ته، چې د درانيانو يوه بله پښه وه، انتقال ومونډ.

نو ويلای شو چې د سدوزيو او محمد زيو تر منځ د ځای نيونې او قدرت طلبۍ جګړو ديني کړيو او قبايلي مشرانو ته دا فرصت په لاس ورکړ، چې د خپل قدرت او نفوذ ساحه پراخه کړي.

له بلې خوا د سدوزيانو په قلمرو کې د سياسي ثبات او استقرار نشتون هم ددې سبب وګرځېد، چې يو شمېر ديني کړۍ او مشران، چې د وخت د نظام له خوايې ملاتړ کېده، د نظام د بدنامۍ او را نسکورېدو په لټه کې شي.

په هماغو وختونو کې به په پر له پسې توګه له ديني رهبرانوڅخه غوښتنه کېدله، چې د باچايانو سياسي واک ته مشروعيت ورکړي. نو ځکه شاهي غوښتونکي تل د ديني کړيو د جذب او خپلولو په لټه کې وه، غوښتل يې د هغوی په وسيله خپلو موخو ته ځان ورسوي او په دې توګه په خپلو

دښمنانو پياوړي شي.

د بېلګې په ډول: د قدرت لېږد د سدوزيانو له کورنۍ څخه د محمدزيانو کورنۍ ته او د امير دوست محمد خان امارت په 1834 زېږديز کال کې د يو ديني عالم ميرحاجي لخوا چې د مشهور ديني عالم مير واعظ زوی وو، د عيدګاه په جامع جومات کې تاييد شو.

همدراز د امير شېرعلي خان د کونډې (شمس جهان) غوښتنه له ملا مشك عالم څخه په داسې حال کې چې د افغان _ انګرېز جګړه روانه وه. له ملا مشك عالم څخه غوښتل شوي وو، چې د هغې تبعيدي زوی محمد يعقوب خان او يا يې هم لمسی موسی جان د سلطنت کرسۍ ته ورسوي..

معمولا د تاج اېښودنې او دستار بندۍ مراسم به د يو يا دوه تنو سترو ديني عالمانو لخوا هغه وخت تر سره کېدل، چې چا به د شاهۍ اعلان وکړ. دا کار د ياد باچا د مشروعيت د رسميت پېژندلو لپاره تر سره کېده.

مراسم په دې ډول وو، چې ديني عالم به يوه سپينه لونګۍ د شاه پر سر تاووله، له هغه وروسته به يې د قران څو ايتونه لوستل او بيا به ياد ديني رهبر د قران مجيد يوه نسخه هم شاه ته ډالۍ کوله.

د دې کار مانا داوه، چې نوي امير به تعهد کولو، چې د همدې کتاب د ارشاداتو او لار ښوونو مطابق به د خپل حکومت پاليسي جوړوي.

Grammar:

Activity 13 - 4. Read the following sentences and change them to the present tense. Example: سبب شو ----.سبب کيږی

۱-دسياسي ثبات نشتون ددې سبب شو .

۲-د سياسی ثبات نشتون ددی سبب وګرځيد .

۳.کش ماکش ددی سبب شو .

۴-څلور باچايان بدل رابدل شول .

۵-سياسي مشري بيرته شاه محمود ته وليږدول شوه .

۶-سلطنت درانيانو ته انتقال وموند .

۷-له ديني رهبرانو څخه غوښتنه وشوه .

۸-دعيد ګاه په جامع جومات کې تاييد شو .

۹-له ملا مشک عالم څخه غوښتنه شوې وه .

۱۰-مراسم په دې ډول وو.

د پښتنو ټولنیز ارزښتونه

له کومه ځایه چې د یو قوم دټولنیز اقتصادي ژوندانه سره ارتباط نیسي، د پښتنو دننګ اوسیالۍ په ټولنه کې چې کله یو فرد یا یوی کورنۍ ته د نورو په نسبت ټیټ احساس پیدا شي دعزت اوسیالۍ په کار کې له نورو نه ځان کم ګڼي ـ دمثال په توګه که یو چا دچا ورور یا پلار وژلی وي ـ یا یوچا د بل چا په میرمن ،مور یا خور تیري کړی وي اونوموړي خپل بدل نه وي اخیستی نو پیغور ورته جوړیږي ـ د دې بنسټ په دې پوري اړه لري ، چې پښتانه په قبیلوي ژوند کې ټول ځانونه یو دبل سیال بولي اوهیڅ څوک ځان کم نه بولي، زیاتره شخړي اولانجې په پښتنو قبایلو کې «په ځمکه، اوبو، مالدارۍ، څړ ځای ، غلا، ځنګل، ښځه، رټلو وهلو ، سپکاوي، وژنې، اونورو پیښیږي ـ پیښې تل هغو واحدونو ترمنځ واقع کیږي چې یا ګډ ملکیت ولري، اویا یو بل ته نږدي پراته وي ـ دهرې پیښې دسختوالي درجه دیوې بلې په پرتله توپیر لري ـ»

په دې اساس که څوک په دې پورتنیو مسالو کې دخپل سیال نه کم راشي هغه ته پیغور جوړیږي. پیغور دومره ناوړه اغیزې لري چې له هغه څخه ځان ژغورون دانسان ژوند تباه کوي ـ پیغور منل هم له کور وکلي اووطن څخه دورکیدو مانا لري اوله پیغور نه خلاصون هم داور سره لوبې کول اوژوند په خطر کې اچول دي ـ

دپښتنوقبیلوي ټولنه په منظمې انارشۍ ولاړه ده ـ ددې مسالې بنسټ اصلا په ټولنیز مالکیت کې دی ـ اوپه نسبي یا دویني پر اساس اړیکو کې دی ـ پښتانه ځانونه دملکیت اودوینې داړیکو په اساس یو دبل په وړاندې سیال اوبرابر بولي ـ نو که چاته په یوه مساله کې پیغور پیدا شي ، نو په ټولنه کې دهغه دشته والي اوژوند کولو اندول ویجاړیږي ـ

بله مساله دجنسیت یانارینه اوښځې توپیر دی ـ په پلارواکي ټولنه کې میړه دننګ اوغیرت ساتندوی دی ـ دمیړه لغت نه یوازې دنارینه له پاره بلکې دصفت (ستاینوم) په توګه هم کارولي شویده اوکیږي ـ اوهغه څوک چې

دښځې اوښځنوك خطاب ورته وشي هم يو ډول پيغور تلقي كيږي ـ په دې اساس كله چې په لوړه كچه كې دقوم دپريكړې له مخې ټول قوم يو كار كوي اويو څوك ترې غاړه غړوي نو دغه سر غړوونكى له سيالى ووځي او دپيغور سره مخامخ كيږي ـ

دپښتنو قبيلوي اوقبايلوي اصطلاحاتو قاموس

Exercise 13 - 5. Read these sentences and fill in the blanks with words from the word bank. You will need to put the words in their correct form, for example with the proper inflection, verb ending, etc.

ټولنيز ، ميړه ، پروت ، نسب ، پيغور جوړيدل، توپير، ژغورون، سيالى الى

۱ـ كه څوك خپل بدل وانخلي هغه ته __________ .

۲ـ__________ د نورو خبلوانو او كليوالو سره ځا ن برابر ساتل دي.

۳ـ د ښځو او نارينه و تر مينځ ښكاره__________ شته

۴ـ په پښتنو قبايلو كې لانجې د زياتره د هغوخلكو سره پيښيږي چې نږدې__________ دي

۵ـ دپيغور څخه__________ ډير سخت كار دى .

۶ـ كه نارينه ته وويل شي چې__________ نه دى او ښځنوك دى دا خبره ورته سپكاوى ګڼل كيږي.

Glossary

Political Stability	سیاسي ثبات
Lack	نشتون
Decades	لسیزو
Roots	جرړې
Conflict	کش ماکش
Getting dried	په وچیدو
(Repeated) change	بدل رابدل
Change	تبدیلیو
Foot	پښه
Replacement	ځای نیونې
Lust for power	قدرت طلبۍ
Opportunity	فرصت
Continuity	استقرار
Genealogy	نسب
To be overthrown	رانسکوریدو
Legitimacy	مشروعیت
Goals	موخو
Principal mosque	جامع جومات
Coronation	تاج ایښودل
Turban tying ceremony	دستار بندي

Rivalry in honor	ننګ اوسیالۍ
Disputes	شخړې اولانجې
Beating	رټلو وهلو
Insult	سپکاوی
Communal ownership	ګډ مالکیت
Grazing fields	څر ځای
Effeminate	ښځنوک
Organized anarchy	منظمې انارشۍ
Links	کړیو
Come to a complete stop	ټپه دریدل
Decades	لسیزو
Influence	نفوذ
Roots	جرړې
Leg, division within a tribe	پښه -
Transfers	تبدیلیو
Transport, change	انتقال
Bad reputation	بدنامۍ
Being overturned	رانسکوریدو
Search	لټه
Absorbtion, recruitment	جذب
To make one›s own	خپلولو
Tying turbans	دستاربندۍ
White turban	سپینه لونګۍ
To turn	تاوول
Offer (as a gift)	ډالۍ

Socio-economic	تولنيز اقتصادي
Relations	ارتباط
Rivalry	تنگ اوسيالي
Feeling of inferiority	ټيټ احساس
Land, earth	ځمکه
Water	اوبه
Animal husbandry	مالداري
Grazing fields	څرځای
Killing	وژنه
Equal (in status)	سيال
To save	ژغورون
To play	داورسره لوبې کول
Balance	انډول
Gender	جنسيت
Perception	تلقي
Refuse to cooperate	غاړه غړول
Rebellious	سرغړوونکی

ښوارلسم لوست

Activity 14 - 1. Match the vocabulary word with their English equivalents.

Nose	ښکلا
Thick lips	توره همکاره
Confidence	ليوالتيا
Black coworker	زيرنک
Beauty	پوزه
Pale	ډبلې شونډې

Activity 14 - 2. As you listen to the audio, think about these questions:

1. According to the text, which kind of questions might you face about beauty?

2. Which norms are considered for beauty in Africa?

3. If someone has tiny lips, would he or she be considered pretty?

4. Which element is most important for beauty?

5. Which part of the body is very important for beauty in

America?

6. What do they think about fat and skinny?

Activity 14 - 3. Listen to the audio and fill in the blanks with appropriate phrases from choices given below:

۱. د سترګو سپين ۲ـ ډبلې شونډې ۳ـ معيار ۴ ـټيټ قد ۵ـ ډ نګر وي ۶ـ ډېره ښکلا لري ـ ۷ـ خصوصيات ۸. ـښکلا يعني څه ۹ـ. پوښتنه وکړه

Listening

آيا تاسو کله دا پوښتنه اوريدلې چې چاته ښکلی يا ښکلې ويلی شو او يا دا چې آيا د ښکلا اندازه معلومه ده او کنه؟ ښکلا په کومه تله تلل کيږي، او څومره وزن بايد ولري چې د ښکلي نوم وګټي؟ دا ټولې هغه پوښتنې دي چې لاتراوسه په کره ډول نه دي ځواب شوې.

دا پوښتنه چې چاته ښکلي وواېو بېلا بېل ډول ځوابونه ترلاسه کولای شي: ما د خپلې تورې همکارې افريقايی اصله امريکايۍ ښځه چې تاسو په دواړو قارو پورې اړوند ياست! کولای شئ د افريقا او امريکا په بېلابېلو لويو وچو کې د ښکلا په اړه راته ووایاست، چې يو ښکلی او يا ښکلې کس (نر او ښځه) کوم ولري چې ښکلي ورته وويلی شي:

هغې په ډېرې لېوالتيا وويل: چې «په افريقا کی که يو کس (نر او ښځه) نو هغه بايد لاندې خواص ولري:

رنګ يې دومره تور وي چې تر هغه زيات تور نه وي، او که لږ تور وي بيا موږ ورته زيرنګ يا وايو چې څوک يې نه خوښوي، برابرې سترګې خو د يې بايد ډېر تيز وي، بوکه پوزه، ، که يې شونډې نرۍ وي هم ښکلی نشی ورته ويلی، او ډېر لوړ قد هم د ښکلا مانا نه ورکوي، کلک ويښتان چې دايما يوه درجه کل وی، چاغښت عيب دی خو ډنګرتوب تر هغه زيات عيب ګڼل کيږي او د ښکلا راټيټوي.»

«راځـو د امریـکا لویـی وچـی تـه: پـه امریـکا کـې تـر ټولـو مهـم او اهـم شرط د مـلا نریوالـی دی، ددې پـه وینـا ځینـو ښـځو خپلـې مـلاوې دومـره نـری کـړې چـې د اولاد د زیږیـدو چانـس یـې هـم لـه لاسـه ورکـړی. لـوړ قـد هـم د ښکلا شرط دی خـو ډیـر زیـات، د ښـکلا معیـار راتیـتـوي. بیـا هـم تـر ټولـو مهـم او اهـم شرط د بـدن ثابـت سـاتل دی یانـې بایـد ډنگـر وی، چاغښـت د ښـکلا معیـار تـه ضربـه رسـوي، سـپینوالی هـم د ښـکلتوب شرط نـدی خـو تـر ټولـو ښـکلې ښـځه یـا ځـوان هغـه دی چـې غنـم رنگـه وي، مناسـبې شـونډې ولـري، مناسـب قـد ولـري،
او د ښـکلا اندامونـه یـې راوتـلي وي»

Listening

پوره متن

آيا تاسو کله دا پوښتنه اوريدلې چې ښکلا يانې څه؟ چاته ښکلی يا ښکلې ويلی شو او يا دا چې آيا د ښکلا اندازه معلومه ده او کنه؟ ښکلا په کومه تله تلل کيږي، او څومره وزن بايد ولري چې د ښکلې نوم وګټي؟ دا ټولې هغه پوښتنې دي چې لاتراوسه په کره ډول نه دي ځواب شوې.

دا پوښتنه چې چاته ښکلې ووايو بېلا بېل ډول ځوابونه ترلاسه کولای شي: ما د خپلې تورې همکارې افريقايی اصله امريکايۍ ښځه پوښتنه وکړه چې تاسو په دواړو قارو پورې اړوند ياست! کولای شئ د افريقا او امريکا په بېلابېلو لويو وچو کې د ښکلا په اړه راته ووايياست، چې يو ښکلی او يا ښکلې کس (نر او ښځه) کوم خصوصيات ولري چې ښکلې ورته وويلی شي:

هغې په ډېرې لېوالتيا وويل: « چې په افريقا که يو کس (نر او ښځه) ډيره ښکلا لري نو هغه بايد لاندې خواص ولري:

رنګ يې دومره تور وي چې تر هغه زيات تور نه وي، او که لږ تور وي بيا موړ ورته زيرنک يا زيړرنګ وايو چې څوک يې نه خوښوي، برابرې سترګې خو د سترګو سپين يې بايد ډير تيز وي، بوکه پوزه، ډبلې شونډې، که يې شونډې نرۍ وي هم ښکلی نشی ورته ويلی، او ډير لوړ قد هم د ښکلا مانا نه ورکوي، کلک ويښتان چې دايما يوه درجه کل وی، چاغښت عيب دی خو ډنګرتوب تر هغه زيات عيب ګڼل کيږي او د ښکلا معيار راټيټوي.»

«راځو د امريکا لويه وچه: په امريکا کې تر ټولو مهم او اهم شرط د ملا نريوالی دی، ددې په وينا ځينو ښځو خپلې ملاوې دومره نرۍ کړې چې د اولاد د زيږيدو چانس يې هم له لاسه ورکړی. لوړ قد هم د ښکلا شرط دی خو ډير زيات، ټيټ قد د ښکلا معيار راټيټوي. بيا هم تر ټولو مهم او اهم شرط د بدن ثابت ساتل دی يانې بايد ډنګر وي، چاغښت د ښکلا معيار ته ضربه رسوي، سپينوالی هم د ښکلتوب شرط ندی خو تر ټولو ښکلې ښځه يا ځوان هغه دی

چـې غنـم رنګـه وي، مناسـبې شـونډې ولـري، مناسـب قـد ولـري، ږنګـر وي او د ښـکلا اندامونـه يـې راوتـلي وي»

Activity 14 - 4. Translate these sentences to English

۱ـ ښکلا په کومه تله تلل کيږي ؟
۲ـ رنګ يې دومره تور وي چې تر هغه زيات تور نه وي ـ
۳ـ زيرنک څوک نه خوښوي ـ
۴ـ تر ټولو اهم شرط دملا نريوالی دی ـ

Grammar:

Formation of present perfect tense in Pashto:
The present perfect tense in Pashto is formed by combining the past participle with the present tense of *to be*. The present perfect is frequently rendered by the simple past in English.

ما دا کتاب لوستی دی
تا د خاموش پانی فلم ليدلی دی؟
خان محمد لا تر اوسه خپل لمسی نه دی ليدلی
سر انداز اکا دوه واری واده کړی دی.
مونږ په خبل وخت رسيدای نه شو څکه لاره رانه ورکه شوې ده.

Past perfect tense:
To form past perfect, you use the participle form with the past tense of the verb *to be*.

افغانستان دسياسي لوبو پر ستر ميدان بد ل شوی وو.
بريتانيا دهند نيمه قاره تر ولکې لاندې راوستلې وه.

انګریزان په هند کې دخپل قدرت په ټینګولو کې بریالی شوی وو.

د مهاتما ګاندی د مینځ ته راتلو نه مخکې انګریزانو پر ضد د هند خلکو څو ځله پاڅون کړی وو.

مونږ چې ورسیدو ناسته ختمه شوې وه.

Reading

د بهرني يرغل پر وړاندې د افغان اولسونو مقاومت

د نولسمې میلادي پېړۍ په اوږدو کې، افغانستان په اسیا کې د سیاسي لوبو پر ستر میدان بدل شوی وو . په اتلسمې میلادي پېړۍ کې لویې برېتانا د هند نیمه قاره تر خپلې ولکې لاندې راوسته او په 1779 زېږدیز کې د پاریس د تړون پر اساس د انګرېزانو د حاکمیت حق په رسمیت وپېژندل شو.

د نولسمې پېړۍ په لومړۍ لسیزه کې کله چې انګرېزان په هند کې د خپل قدرت د ټینګولو په حال کې وو، روسان د خپل هیواد جنوب لور ته د قدرت د پراخېدو په لټه کې شول.

روسانو په منځنۍ اسیا کې سر کشه کړه، وځپلې او خپل واك يې د ایران تر شمالي څنډو پورې پراخ کړ. جنوب لورته د روسانو چټك پرمختګونه په هندوستان کې د انګرېزي امپرطورۍ امنیت ته د یو ګواښ په توګه را څرګند شول او انګرېزان یې سخت وار خطا کړل.

په سیمه کې د هند د دروازې په توګه د افغانستان موقعیت د دې سبب وګرځېد، چې دغه هیواد دې په لسګونه کلونه د انګریزي سیاستونو په اور کې وسوځي، ان تر دې چې انګرېزانو پر دغه هیواد نظامي یرغل وکړ او بالاخره دغه هیواد د افغان _ انګرېز د جګړو ډګر وګرځېد.

فرخ مهدي په خپل کتاب (تاریخ سیاسي افغانستان) کې لیکي: د

انګریـزي ښـکېلاک پـر وړانـدې پـه مبـارزه کـې د افغانانـو هـرې قومـي کـړۍ پـه مېړانـه ګـډون کـړی دی او دې جګـړو تـه بـه ټـول افغانـان پـه يـوه غـږ ور وتـل. نومـوړی وړانـدې لیـکي: «د انګریزانـو پـر وړانـدې جګـړه شـورش نـه وو، چـې يـو ځانګـړی قـوم يـا ځانګـړې ډلـه دې هغـه را منځتـه کـړي بلکـې پـه دغـو جنګونـو کـې د افغانـي ټولنـې د هـرې برخـې اوسـېدونکو پـه ډېـرې مېړانـې سره ګـډون وکـړ او پـه زرګونـه شـهیدان او معلولـين يـې ورکـړل. پـه واقعیـت کـې د افغانسـتان هـره دښـته او هـره کوڅـه د مبـارزې میـدان وو او هـره برخـه يـې د انګریـزي ښـکیلاک ګـرو لپـاره هدیـره ګرځېدلـې وه. لـه اويـا کلنـو سـپین ږیـرو نیولـې تـر پنځلـس کلنـو تنکیـو ځوانانـو پـه دغـو جګـړو کـې ګـډون کـړی او شـهیدان شـوي دي ان تـر دې چـې اتلـو مسـلمانواو افغانـو هـم پـه ډېـر جـرات او مېړانـې سره پـه دغـه مبـارزه کـې ګـډون کـړی او د ښـکیلاکګرو پـه وړانـدې يـې خپـل غـږ پورتـه کـړی دی.»

(تاند)

Activity 14-5. Match the phrases on the right with those on the left.

افغانستان په ۱۹پیړۍ کې	د روسانو له خوا وځپل شول
د انګریزانو د حاکمیت په رسمیت پېژندل	قومی او سیمه ایز نه وو
د مینځني اسیا سرکشه قوتونه	د غربی هیوادونو د دښمنۍ ډګر
فرح مهدی	د پاریس تړون
د افغانانو جنګونه	د فغانانو مقاومت ستایی

Glossary

Beauty	ښکلا
Balance, scale	TE.la تله
Originally from Africa	افریقایي اصله
Black coworker	توره همکاره
Continent	قاره
Characteristics	خصوصیات
Confidence	لیوالتیا
Pale	زیړنک
Dark (a color modifier)	tayz تیز
high nose	بوکه پوزه
Thick lips	ډبلې شونډې
Plumpness	چاغښت
Criterion	معیار
Thinness	نریوالی
height	قد
Brown complexion (wheat color)	غنم رنګه
Long	اوږدو
Subcontinent	نیمه قاره
Power, control	ولکې
Officially recognize	په رسمیت پیژندل
Position (physical)	موقعیت
Ethnic circles	قومي کړۍ

Edge	څنډه
Graveyard	هدیره
Plain, prairie	دښته
Heroes	اتلان
Going out	ور وتل
Question	پوښتنه
To hear	اوریدل
Measure, amount	اندازه
Answers	ځوابونه
Continent	لویه وچه
Always	da.YE.man دایماً
Thinness	ډنگرتوب
Blow (a hit)	ضربه
Along	اوږدوکې
Large Field	سترمېدان
To secure	ټینگولو
Rebellious	سرکشه
Threat	گواښ
Attack	یرغل
Insurgency	شورش
Alley, street	کوڅه
Teenagers	تنکي ځوانان
The elderly	بوډاگان

پنځلسم لوست

Activity 15 - 1. Match the vocabulary with the English equivalents.

Wash hands	زړه نه کيږي
Scattered	کسب وکار
Not feel like it	تيت پرک
Public services	جګړو ځپلي
Career, work	بيا رغونه
Pieces	لاسونه ومينځي
Survey of opinion	ټوټه ټوټه
War stricken	نظر پوښتنه
Reconstruction	عامه خدماتو

Activity 15 - 2. Listen to the audio and answers the questions.

۱. دسروی له مخې نجونې دميره په انتخاب کې څه ته اهميت ورکوي ؟
۲. که يو څوک هيڅ کاروبار ونه لري ايا نجونو ته دواده کولو وړ بلل کيدای شي ؟
۳. په سلو کې نوي پيغلې کوم فکتور ته ارزښت ورکوي ؟
۴. ميګام کسيرلې چې دسروی تر سره کوونکی دی کومې نتيجې ته رسيږي ؟
۵. ايا کسب اوکار اوپرمختګ نجونو ته دميره په غوره کولو کې اهميت لري؟

Activity 15 - 3. Match the phrases from column A that have similar meaning to those on Column B.

A		B	
یوازې مینه ورته بسنه نه کوي	الف	دمېړه انتخاب	۱
لړ شمیر پېغلی	ب	دپخواني تصور برخلاف	۲
په خپلو دندو کی مخ په وړاندې تلل	ج	مینې ته تر پیسو ډیر اهمیت ورکوي	۳
د عامه افکارو سروې	د	ښه کار او شتمنی هم غواړي	۴
مینه ورته ډیره مهمه ده	هـ	د نجونو نهه فیصده	۵
دپخوا پر عکس	و	د خلکو د نظریاتو معلومول	۶
واده کول	ز	ترقي او د کار پرمختګ	۷

Listening

يوه نوې سروې ښيي چې اکثره نجونې د ميړه په انتخاب کې د هغه پيسو ته دومره نه ګوري لکه مينه چې ورته اهميت لري. د رويترز اژانس له راپور سره سم، د پخواني تصور برخلاف يوه تازه څيړنه ښيي چې اکثره پيغلې د ژوند د ملګري په انتخاب کې مينې ته تر پيسو ډېر اهميت ورکوي، خو له داسې چا سره يې واده ته بيا زړه نه کيږي چې هيڅ کسب و کار نه لري.

د نوې څيړنې نتايج ښيي چې په سلو کې يو نوي پيغلې د ژوند د ملګرتيا لپاره مينه تر شتمنۍ غوره بولي او يوازې نهه فيصده پيغلې په دې نظر دي چې د ميړه پيسې تر بل هر څه مهمې دي.

د دې سروې يوې ترسره کوونکې ميګام کسيرلي رسنيو ته ويلي دي که څه هم په دې خبره پوهيدل راته جالبه وه چې د نجونو لوی اکثريت پيسو ته ډير اهميت نه ورکوي، خو اکثره نجونو دا خبره هم کوله چې له داسې سړي سره واده کولو ته يې زړه نه کيږي چې هيڅ کار نه لري او وزګاره ګرځي.

د دې سروې په وخت معلومه شوه چې په سلو کې اوه اويا نجونې د ژوند لپاره هغه کس خوښوي چې ثابت کسب او کار لري او په کاري ژوند کې يې د ترقي او ثابت پرمختګ توقع موجوده وي.

تاند (پنجشنبه/اسد۱۳)

Activity 15 - 4. Grammar:
Change the following sentences into present perfect.

۱. يوه نوې سروې ښيي -
۲. دميړه په انتخاب کې پيسو ته نه ګوري -
۳. مينې ته تر پيسو ډير اهميت ورکوي -
۴. ددې سروی يو تر سره کوونکی رسنيو ته وايي ،

۵. دګاردین ورځپاڼه تر دې سر لیک لاندې مقاله خپروله .
۶. په افغانستان کې دنړیوالو له پوځي هلو ځلو لس کاله تیر یږي .
۷. دورځپاڼې له لیکنې دا حقیقت معلومیږي .
۸ . دافغانستان ټولنه ټوټه ټوټه کیږي .

Activity 15 - 5. Change the following sentences from past and present perfect tense into present:

۱. نجلۍ دمیره انتخاب کړی دی .
۲. پیسو ته یی اهمیت ور کړی نه دی .
۳. شتمني یې ډیره پیدا کړې ده .
۴. له چا سره یې واده ته زړه ونه شو .
۵. کسیري رسنیو ته ویلي دي .

Reading

ګاردين : «افغانيت» په افغانستان کې لا ژوندی دی

د بریتانیا ګاردین ورځپاڼې تر دې سرلیک لاندې «افغانیت په افغانستان کې لا ژوندی دی» لیکلي: افغانستان تل تیت پرک وو ، جګړو ځپلی خو د دې هیواد بیا رغونه ناممکنه نه ده.

د پغمان یوه فوکلوریکه سندره ده چې په نولسمه پېړۍ کې د انګرېزانو د یرغل په کلونو کې ویل شوې..په دې سندره کې ویل شوي چې «ای بهرنیانو، پر کابل یرغل مه کوئ، پر کابل حمله زموږ کار دی.»

د ګاردین له لیکنې سره سم په افغانستان کې د نړیوالو له پوځي هلوځلو لس کاله تېرېږي او اوس له دې هیواده د بهرنیو ځواکونو د وتلو په باب خبرې کېږي. ځوک چې غواړي له افغانستانه لاسونه ومینځي، په دې باور دي چې افغانستان هیڅوخت یو ملت نه وو.

د ورځپاڼې له لیکنې سره سم دا حقیقت ده چې د افغانستان ټولنه ټوټه ټوټه ده، تر دېرشو زیاتې ژبې لري، د مختلفو قومونو او مذهبونو خلک پکې اوسي، شیعه ګان، سنیان، سیکان، هندوان او حتی یو وخت ځو تنه یهودان هم پکې موجود ول، خو له دې ټولو سره سره افغانستان د افغانانو لپاره یو واحد هیواد دی.

ګاردین وایي د اې بي سي نیوز له لوري شوې نظرپوښتنه ښیي چې اوس د (افغانیت) نظریه تر بل هر وخت په افغانستان کې پیاوړې ده.

اوس له افغانستانه د وتلو لپاره په پرېکړو کې دا موضوع ډېره مهمه ده

چې لـه افغانســتان سره لـه ســیاسي، تعلیمــي، اقتصــادي او د عامــه خدماتــو لــه پلــوه ملاتــړ وشي.

د افغانســتان بیارغونــه جــدي ژمنــې، فــوق العــاده زغــم او پــر لــه پســې پانګونــې تــه اړتیــا لــري.

ګارډیــن پــه دوام کــې لیــکلي: بهرنیانــو تــه پــه دې هیــواد کــې، چــې د ښــوونځیو او سړکونو د جوړولو لپاره ورځــې تــل تــود هرکلــی ویــل کېــږي خــو هغــو بهرنیانــو تــه هرکلــی نــه ویــل کېــږي چــې لــه ټوپــک او پوځــي یونیفــورم سره ورغــلي وي.

(له تاند څخه)

Activity 15 - 6. Based on the text above, fill in the blanks in these sentences using the word bank given:

۱. د افغانیت ________ په افغانستان کې اوس پیاوړې شوی ده ـ
۲. دافغانستان بیا رغاونه جدّي ________ته اړتیا لري.
۳. دا هیواد جګړو________ ـ
۴. دېغمان په فولکلوریکه سندره کی ویل شوي وو چه په کابل مونږ ________ کوو ـ
۵. ګاردین لیکي : دنړیوالو له پوځي ________ څخه لس کاله تیریږي ـ
۶. هغوی په دې ________ نه دي چې افغانستان یو ملت دی ـ
۷. ورځپاڼه : دافغانستان ټولنه ________ ده ـ
۸. په افغانستان کی هم سنّی شته هم ________ ـ
۹. د ګارین په ورځپاڼه کی د نونسمی ________ یوه سندره یاد شوې ده. ـ
۱۰. بهرنیانو ته چی د رغاونی لپاره راځی ________ ویل کیږي ـ

یرغل ، ټوټه ټوټه ، ځپلی، هلو ځلو . باور، هرکلی، نظریه، ژمنه ، شیعه ، پیړۍ

تاند(شنبه/حمل۲۰)

Glossary

Survey	سروی
Choose, choice	انتخاب
Not feel like it	زړه نه کيږي
Work, business	کسب وکار
Wealth	شتمني
Media	رسنيو
knowledgeable	پوهيدا
Without work	وزګاره
Consistent	ثابت
Progress	ترقي
Advancement	پرمختګ
Expectation	توقع
Headline	سرليک
Scattered	تيت پرک
War torn	جګړو ځپلي
Reconstruction	بيا رغونه
Foreigners	بهرنيانو
Efforts	هلو ځلو

Give up	لاسونه ومينځي
Broken to pieces	توته توته
Opinion survey	نظر پوښتنه
Public services	عامه خدماتو
Serious commitments	جدي ژمني
Continuous	پرله پسې
Investment	پانګونې
Warm welcome	تود هرکلی
Military	پوځی
Money	پیسو
Importance	اهمیت
One who completes something	تر سره کونکی
Business, occupation	کسب وکار
Very hard (ref. 9 stages of resilience)	نهه قصیده
Great majority	لوی اکثریت
Unemployed	وزګار
Having Afghan character or sensibility	افغانیت

شپاړسم لوست

Activity 16 - 1. Match the Pashto words with their English equivalents.

Obtained	لاره خپله کړه
Where girls get water from	بې وسو
Clay jug (used to carry water)	ایل اومطیع
Bracelets	په گوتو ورغی
Poor	گودر
Obedient	منگی
Chose a way	بنگړي

Activity 16 - 2. Listen to the audio and answer these questions.

۱. عیسویت دخپل پایښت له پاره کومه لاره خپله کړه ؟

۲. عیسوې دین بیوزلوخلکو ته دظلم په وړاندې کوم درس ورکړ ؟

۳. دلومړیو پیړیو عیسویان دځه ډول ایمان خاوندان ول؟

۴. ایل اومطیع مسیحیت کله اوځه وخت په تیریگر دین بدل شو ؟

۵. کله چې امپراتور دکلیسا ملاتړی شو ،څه یې وکړل (په اقتصادي برخه کې)

۶. دروم اشرافود کوم هدف له پاره عیسویت ومانه ؟

۷. دعیسویت په لومړنیو وختونو کې کوم ډول ژوند (فقیرانه یا بډایتوب) فخر گڼل کیده؟

Grammar:

Future tense in Pashto:

In Pashto, to form the future tense, you need to place the marker (بـه) after the subject and use the subjunctive stem. The subjunctive stem is the same form of the verb that is used in the command form also. This formation is naturally perfective in aspect. There is a different future form in an imperfective aspect, but we will not worry about that at this point. As you remember, the subjunctive stem usually starts with the و (wuh) marker

Present Tense	I drink tea.	زه چاى څښم
Future Tense	I will drink tea.	زه به چاى وڅښم

Activity 16 - 3. Change the following sentences from present to future.

۱- احمد کتاب لولي -
۲ - پروين سينگار کوي -
۳. تلويزيون ډرامه خپروي -
۴. ورځپانه حقيقت نه ليکي -
۵- منصور ځان وژني -

Activity 16 - 4. Match the sentences on the right with their English equivalents on the left.

You will hear in meetings	۱. په راتلونکی وخت کی به کنی لیکنی ولولی
What will they learn from the poor poet's verses	۲. په مجلسونو کې به واورئ -
Soon you will read a great deal of written work.	۳. دشاعر غریب له بیتونو به دوی څه پند واخلي -
He knew that people would not get some of his verses.	۴. څوک چې په جنګ کې ښکیل شي نو وبه وایي -
Whoever is caught up in war will say	۵. هغه پوهیده چې اولس به یې ځینی بیتونه وانخلي -

Note: The marker bah بـه is complex and does not always indicate a future tense. Sometimes its function is closer to the auxiliary verb *might* in English because it emphasizes probability. At other times, it is more like *would* as it conveys a desired or imagined condition.

If it is cold tomorrow, not many people might come to our concert	که سبا هوا سړه شی زمونږ کانسرټ ته به زیات خلک رانه شی
This is a very expensive car. It may be around five hundred thousand, right?	دا خو ډیر ګران موټر دی. پنځه لکه خو به وي؟
You may remember me or you may not As for me, every step I take I remember you.	دا ستا به هیر یم که به یاد یم زه چی قدم په قدم ږدم تا یادومه

Listening text:

کلیسا او دولت

عیسویت چې د روم امپراطورۍ د اوج په زمانه کې راڅرګند شو د خپل پاېښت لپاره د سولې، تسلیم او اطاعت لاره خپله کړه. د دې دین لارښوونې په بېوزلو او بې وسو پرګنو باندې ښې ولګېدې او هغوی ته یې ورزده کړل چې د ظلم او تعدا په مقابل کې د صبر لمن ټینګه ونیسي. په اوله کې د عیسویت پیروان د کلیو اوسېدونکي وو، خو نوی دین ورو ورو خپور شو او د ښار اوسېدونکو هم ومانه. د لومړیو پیړیو عیسویان د پاخه ایمان خښتنان وو؛ مرګ به یې مانه مګر له خپلې عقیدې نه اوښتل . دوی د خپلې عقیدې په خاطر شکنجې ولیدې؛ وحشي حیواناتو ته واچول شول او وسوځول شول چې عذاب کشه شي.

مګر د عیسویانو د شمېر د زیاتېدو مخه نه نیول کېدله .امپراطوري وار په وار د عیسویت تر ژور اغېز لاندې راغله.

اېل او مطیع مسیحیت وروسته تر هغه په تېریګر مسیحیت بدل شو چې رومي امپراطور اګوستوس کنستانتین په درې سوه دولسم میلادي کال عیسویت ومانه او د امپراطوري رسمي دین یې کړ. کله چې کلیسا ته سیاسي قدرت په ګوتو ورغی، د زور او جبر له لارې یې د رومي امپراطوري د ټولو اوسېدونکو د عیسوي کولو تکل وکاوه. امپراطور د کلیسا پوره ملاتړی وو او هغه یې د دولت په اوله درجه موسسې بدله کړه. امپراطور کلیسا ته ډېرې ځمکې ورکړې او د هغې مقاماتو ته یې ښه ډېره شتمني وبخښله . ده کلیسا له هر راز مالیې معاف کړه.

د روم اشرافو چې دغه حال ولید، عیسویت یې ومانه ، ځکه په دې ډول یې هم امپراطور خوشحالولای شو، هم یې جایدادونه او امتیازونه خوندي پاتېدل. د دغو تحولاتو په نتیجه کې عیسویت له خوارانو مخ واړاوه او د لوړو طبقو د ګټو ساتندوی شو. د عیسویت په لومړیو وختونو کې فقر او بېوزلي فخر ګڼل کېدله خو چې کلیسا شتمنه شوه، د بېوزلۍ په وړاندې یې په رویه کې تغییر راغی او د ثروت ښېګڼې یې بیان کړې.

Reading

په دې وروستیو کې به ګنې لیکنې ولولئ او په ډېرو مجلسونو کې به واورئ چې د پښتو ژبې شاعران ډېر شوي اویا د دې پر ځای چې شاعران په شعرونو کې د شته ناخوالو یادونه وکړي او ټولنه د دې پر ځای چې له جنګه را وګرځوي ، دوی ګودر، منګی، بنګړي یادوي.

او ځینې بیا وایي چې د شعر پر ځای دې نثر ته مخه شي، ځکه شعر ډېر شوی او نثر ته اړتیا ده، خو اوس د دې پلټنه هم ګرانه ده چې دا د چا له شعوره را ټوکېدلې خبرې دي چې دوی شاعرانو ته داسې لارښوونه کوي، په داسې حال کې چې خلک په لسګونو ټلوېزونونه او راډیوګانې، چاپي رسنۍ، ویبپاڼې او موبیلونه چې هرغریب هم په کې دوه جیبي میموري اچولې وي .... وینی، اوري او لولي، نو چې یو ملت د دومره لیدونکو، اورېدوونکواو لوستونکو پېښو څخه عبرت نه اخلي، د شاعر غریب له بیتو به څه پند واخلي او که یې اخیستلی، نو زموږ د بد بختیو لپاره به یوازې خوشاله خټك کافی وای. د پښتنو کومه ستونزه یې نه ده یاده کړې او د کومې ستونزې حل یې نه دی ویلی، خو دا درې سوه کاله د ولس د هر کس پر خوله د خوشال بابا شعرونه زمزمه کېږي، لیکن څه فایده یې کړې ده؟ مګر تاوان یې لا کړی دی، څوك چې په جنګ کې ښکېل شي نو به وایي «په دنیا د ننګیالو دي دا دوه کاره» بیا به هم د خپل جنګ ګناه د حضرت خوشال بابا پر غاړه وراچوي چې هغه نیکه ویلي دي، خو دې بیت ته یې چا پام ونه کړ:

زه یې چا لره وهم قدر یې چا زده
په اور وسوځــه دا توري، قلمونه

ځکه بابا هم پوهیده چې ولس به یې یوازې هغه بیتونه واخلي چې فتوا پرې وركولی شي .

او دویمه خبره چې شعر ډېر شوی دا د کومې سروې له مخې ویل کېږي

او دا پـروژه څـه وخـت جـوړ ه او چـا پراخـه کـړه ؟ د کومـو اصولـو لـه مخـې وشـوه چـې نـور نـو شـعر بـس دی او نـثر تـه مخـه کـړئ؟

Activity 16 - 5. True False

لومړی متن ولولی بیا لاندې جملې وګورې چې سمې دي اوکه ناسمې.

۱. د ځینو لیکوالانو په اند د پښتو ژبې شاعران ډیر شوي دي ـ

۲. د مـتن د لیکونکِی پـه بـاور شـاعران دی بایـد نـور د ګـودر، منګـي اوبنګړي شـعورنه ونه لیکی.

۳. ځینې وایي نثر مهم نه دی ـ

۴. د متن لیکوال په شعر باندې د خلکو نیوکی په ځای ګڼي ـ

۵. تلویزیونونه ، رادیو ګانې اوچاپي رسنۍ په سیاسي حالاتو باندې تبصرې کوي.

۶. زموږ دبدبختیو له پاره یوازې خوشال ختک کافي نه دی ـ

۷. خوشـال بـا بـا د پښـتنو د ژونـد پـه بیلـو بیلـو اړخونـو بانـدې خـبرې کـړي دي..

۸. خوشـال خـان وایـی چـی پښتانه یـی تـوره سـتایی خـو د قلـم او لیکنـو قـدر یـی بیا نـه کـوي.

۹. اولس د خوشال د شعرونو یوه وړه ځنده منلي ده او نور یی پری ایښي دي.

۱۰. کـه شـاعران پـه سیاسـت بانـدې هـم لیکنـی وکـړي کـوم ښـکاره اغیـز بـه ونـه لـري ـ

Glossary

Obedience	اطاعت
Chose, opted for	لاره خپله کړه
Poor	بې وسو
Aggression	تعدا یا تعدی
Accepted	ومانه WUmaneh
Solid faith	پاخه ایمان
Torture	شکنجې
Painful death	عذاب کشه
Obedient	ایل اومطیع
Was obtained	په گوتو ورغی
Wealth	شتمني
Tax	مالیي
Benefits	ښیگنې
Conduct	رویه
Water pass	گودر
Jug, pitcher	منگی
Bracelets	بنگړي
Consciousness, sense	شعور
Have crumbled	راتوکیدلي
Learn from a mistake	عبرت
Verses	بیتو
Advice	پند

Miseries	بدبختیو
But	لیکن
Entangled	ښکېل
Principles	اصولو
Climax	اوج
Times	زمانه
Permanence	پایښت
Peace	سوله
Surrender	تسلیم
Obedience	اطاعت
Teachings	لارښوونې
The brave	ننګیالو
Masses	پرګنو
Apron, skirt	لمن
Followers	پیروان
Villages	کلیو
City	ښار
Faith	ایمان
To convert	اوښتل
Gradually	وارپه وار
Far reaching effect	ژوراغیز
Aggressor	تیریګر
Effort	تکل
Supporter (lit. tied belt around the waist)	ملاتړی

Institutions	موسسی
Aristocracy	اشرافو
Estates	جایدادونه
Priviliges	امتیازونه
Protector	ساتندوی
Poverty	فقر
Pride	فخر
Thick, desne	گڼې
Evil	ناخوالو
War	جنگه
Turn away from	راوگرځوي
Investigate	پلټنه
Songs	سندرې
Enough	کافي
Poverty	بیوزلی
Changes	تحولات
Relgioous opinion or edict	فتوا

اوه لسم لوست

Activity 17 - 1. Match the vocabulary with the English equivalents.

Style	په توليزه توگه
Clothes	اتڼ
Long tresses	لرغوني اله
Dancers	مراسمو
As a whole	په مناسبت
On the occasional of	طرز
The Folk dance of the Pashtuns	اتڼ چيانو
Ancient instrument	جامې
Customs	اوږدې ځنې

Activity 17 - 2. Listen to the audio and answer questions.

۱- کوم ځواب د اتڼ په هکله سم دی؟

الف. د خوښۍ د مراسمو په وخت کیږي

ب . افغانان چی بهر ته مسافر شول، خپل اتڼ یی هیر کړ

ج . د اتڼ په وخت کی خلک ځانګړي خولۍ یا پټکي په سر کوي

۲ . په متن کی د کوم توپیر خبره شوې ده؟

الف . د ښځو او د نارینه و تر مینځ

ب . د کندهار او د پکتیا تر مینځ

ج . د مزار او د غزنی تر مینځ

۳. خلک چی د اتڼ د ډول غږ واوری نو که لیری هم وی

الف . د اتڼ کولو د پاره تیاری نیسی او په انتظار کیني

ب . غواړی په دی پوه شي چی ډول د څه شي ډول دی

ج . د غږ په لور ځی

۴. دډول وهلو طرز په څه پورې اړه لري ؟

الف . په سیمه او قوم پوری

ب . د کال په فصل او وخت پورې

ج . په دی پوری چی څه پیښه شوي ده

۵. مسلکي اتڼ چیان څه ډول خلک دي؟

الف . د خپل اتڼ د پاره پیسی اخلی

ب . د ډیرو قومونو اتڼونه یی زده دي

ج . اوږدې څڼې لري

Listening text:

که څه هم اتڼ په ټولیزه توګه سره ورته دي خو د ځینو سیمو اتڼ په لږ توپیرسره بېله بڼه لري . اتڼ معمولاً له ډول (ډهل) سره چې داهم دافغاني موسیقي یوه لرغونې آله ده کیږي . دې آلې هم دپښتنو په ژوندکې ځانګړی ځاي درلود. دخوښیو په ورځ به تر هرڅه دډول غږلوړ وو. ددې ترڅنګ ډول په ځینو ملي ورځو هم وهل کیده او دجګړې په مهال هم له دې آلې څخه کاراخیستل کیده .

لکه څنګه چې مو وویل ډول به دبېلابېلو مراسمو په مناسبت وهل کېده. همداسې دهرې پېښې د ډول وهلو طرز هم توپیر درلوده اوله غږه به یې خلک پوهېدل چې څه پېښه ده اوداد څه شي ډول دي خو داتڼ د ډول غږ به چې اتڼ چیانو واورېده نو ځمکې به ځاي نه ورکاوه اوکه هرڅومره به لرې وو ځان به یې ور رساوه . داتڼ لپاره ځانګړې جامې هم وې چې داتڼ په مهال به اتڼ چیانو اغوستې. دا ډول داتڼ لپاره به اوږدې څنې ډېرې ضروري وې ځکه داتڼ په وخت به یې په ډېر خوند اوځانګړو حرکاتو غورځولې.

لکه څنګه موچې وړاندې وویل اتڼ دافغانستان په بېلا بېلو سیمو کې په لږ توپیرسره کیږي. دمثال په ډول دپکتیا اتڼ دکندهار له اتڼ سره توپیرلري. دهلمند اتڼ له ننګرهاره بېل دي . په غزني کې بل ډول اتڼ کیږي. په لوګر اومیدان وردګ کې اتڼ بل ډول کیږي . خو ددې توپیرونوسره سره داسې اتڼ هم شته چې هغه ټولو ته یاد دي چې ملي اتڼ یې بولي .

له افغانستان څخه دجګړوله امله ګڼ شمېر افغانان بهرته لاړل . دوي که څه له لاسه ورکړل، ډېرڅه یې ترلاسه هم کړل خو ملي اتڼ هغوي په اروپا، امریکا، او آسټرالیاکې په هماغه بڼه وساته . هغو به په اوروپاکې دخپلوځانګړوورځوپه مناسبت اتڼ کاوه چې په دې سره دنړیوالو پام هم وراواښت او دایې د افغانانو د غني فرهنګ یوه بېلګه وبلله.

Activity 17 - 3. Match the words and phrases on the right with their approximate paraphrase or something similar.

ویښتان	۱. په ټولیزه توګه
پخوانۍ وسیله	۲. لرغوني اله
یو ډول نه دی	۳. پرمهال
په وخت	۴ . توپیر لري
په مجموعي ډول	۵. ځانګړې جامې
خاص کالی	۶ . څنې

Activity 17- 4. Match the items on the right with items on the left.

In a battle too, dhol is used.	۱ - اتڼ په ټولیزه توګه سره ورته وي
There are special clothes for atan.	۲. اتڼ معمولا له ډول سره پيل کيږي
Generally, atans are similar.	۳ . دجګړې پر مهال هم له ډول څخه کار اخيستل کيږي
The atan of these two cites is not different.	۴. داتڼ له پاره مخصوصې جامې وي
Usually atan starts with the dhol	۵ . اتڼ چيان اوږدې څنې لري
Atan dancers have long tresses.	۶ . ددې دوو ښارونو اتڼ سره توپير نه لري

Reading

په پنځمه میلادي پېړۍ کې عیسوي نړۍ په دوو شرقي او غربي برخو ووېشل شوه. د روم په ختیځ کې امپراطور دین او دولت سره یو ځای کړل او دین یې د خپلو سیاسي مقصدونو لپاره استعمال کړ. په لویدیځ کې پاپ روحاني مشر شو او د اروپایي واکمنو قدرت یې تر تاثیر لاندې راوست. په دواړو برخو کې عیسویت د نویو شرایطو په رڼا کې له سره تعبیر او تفسیر شو. عیسویت خپل تاریخ د روم امپراطوري له تاریخ سره غوټه کړ او د عیسی علیه السلام زوکړه او د اګوستوس په لاس د امپراطوري تاسیس یې سره تړلې پېښې وبللې. (اګوستوس د روم لومړنی امپراطور ګڼل کېږي چې له ۲۷ قبل المیلاد څخه تر څورلسم میلادي کال پورې د روم واکمن و. ژباړن) دغه وخت یو نوی تاریخ ولیکل شو او عیسویت له خپل پخواني دریځه انکار وکاوه، ټولې نورې عقیدې یې وغندلې او ادعا یې وکړه چې یوازې عیسایت په سمه لار روان دی. تر دې وروسته له دینه اوښتل او مرتد کېدل جرم وبلل شول. کلیسا داسې پالیسي خپله کړه چې د هغې په اساس د عیسویت په قلمرو کې د هر بدعت او مخالفت مخه نیول کېده او د روم په امپراطوري کې د نورو ټولو موجودو دینونو ټغر ټولېده.

په ۴۵۳ میلادي کې یو قانون راووت چې د مشرکانو او مرتدانو د جایداد ضبطولو ته یې لار پرانیسته. که به مشرکان یا مرتدان ولیدل شول چې په پټه یې غونډه جوړه ده، جزا ورکول کېده. په دغو جزاګانو کې مصلوبول، د اور په ذریعه وژل او وحشي ځناورو ته اچول شامل وو. دا هماغسې جزاګانې وې چې یو وخت په روم امپراطورۍ کې عیسویانو ته ورکول کېدلې .کلیسا د رومي امپراطوري په ګدۍ ناسته وه او د رسمي دین له دایرې وتلي خلک یې د ځورولو وړ بلل. د تاریخ دغه پېښه د خلکو د ذهنیت او سلوک په بدلولو کې د سیاسي قدرت د ژور اثر یو څرګند مثال دی ـ س. سنټ اګوستین (د مسیحیت ډېر مهم تیوریسن چې په ۴۳۰ میلادي کال کې وفات شوی دی. ژباړن) استدلال وکړ چې د امپراطور په مرسته د عیسویت پیاوړتیا د خدای لورېینه ده او په همدې وجه عیسویان حق لري چې د عقیدې د خدمت لپاره مرتدانو او بدعت کوونکو ته سزا ګانې ورکړي.

Reading questions:

۱. په پنځمه میلادي پیړۍ کې عیسوي نړۍ په څو برخوو ویشل شوه ؟
۲. دروم په ختیز کې امپراتور له دین اودولت سره څه چلند وکړ ؟
۳. پاپ څه ډول مشر وګڼل شو ؟اوداروپا دواکمنو له قدرت سره یې څه وکړل ؟
۴. عیسویت خپل تاریخ دکومې امپراتورۍ سره غوټه کړ ؟
۵. اګستوس څوک وو اوکله یې پادشاهي کوله ؟
۶. کلیسا د بدعت په وړاندې څه وکړل ؟

Glossary

Generally	په ټولیزه توګه
The most common group dance of the Pashtuns	اتڼ
Ancient instrument	لرغونې اله
Ceremonies	مراسمو
On the occasion of	په مناسبت
Style	طرز
Dancers	atan.CHIA.no اتڼ چیانو
Clothes	جامې
Long tresses	اوږدې څڼې

Special	ځانګړو
Culture	فرهنګ
Eastern and Western	شرقي اوغربي
Religion and state	دین او دولت
Pope	پاپ
Tied	غوټه کړ GHOO.tta
Spiritual	روحانی
Peace be upon him	علیه السلام
Interpretation	تعبیر اوتفسیر
Spiritual	روحاني
Become a heretic or atheist	له دینه اوښتل
Atheist	مرتد mur.TAD
Crime	جرم
Status	دریځه (oblique)
Faith	عقیدې
Condemned	وغندلې
Was ending (idiom: its memorial rug was being rolled up)	ټغر ټولیده
Heresy	بدعت
Polytheists	مشرکانو
Confiscated	ضبطولو
Crucify	مصلوبول (د صلیب څخه)

اتلسم لوست

Activity 18 - 1. Match the vocabulary with their English equivalent.

Mind reading	روحي
Sad	خیریه موسسې
Charitable Organizations	سوکالي
Psychological	مراویتوب
Being pale and weak	له خپگانه ډک
Pronouncing one's faith	دشهادت کلیمه
Prosperity	کشف القلوب

Activity 18 - 2. Answer these questions based on what you listened to.

۱. دنړیوالو معیارونو له مخې هغه نجلۍ چې تر اتلس کلنۍ دمخه واده شي څه ډول واده شوې گڼل کیږي ؟

۲. له ماشومانو سره دپلان دخیریه مرستو نړیواله موسسه دنجونو دواده په هکله څه وایي ؟

۳. دخیریه موسسې درپوټ له مخې په نړۍ کې هر کال څومره نجونې داتلس کالو دمخه عمر کې ودېږي ؟

۴. کله چې نجونې په لږ عمر کې واده شي ، داولاد روزنې ، دمیره دکور نې ژوند اودزده کړې په برخه کې څه ستونزې لري ؟

۵. دپلان خیریه موسسې رپوټ څه وايي چې کم عمره نجونې په څه ډول کسانو ودیږي ؟

۶. ماریا ستاونټن دخپل رپوټ په سریزه کې څه لیکلي دي ؟

۷.کانتا دېوې هندوستانۍ میرمن به هکله چې په شپاړلس کلنۍ کې واده شوې ده څه وايي؟

Listening text:

په هرو دريو ثانيو کې
يوه ماشومه وديږي

د ملګرو ملتونو او نورو نړيوالو معيارونو مطابق هغه نجلۍ چې تر اتلس کلنۍ په کم عمر واده شي، په ماشومتوب کې واده شوې ګڼل کيږي.

له ماشومانو سره د مرستې نړيوالې موسسې، پلان، په خپل تازه رپورټ کې ويلي دي چې په هرو دريو ثانيو کې يوه نجلۍ چې لا اتلس کلنه شوې نه وي وديږي او دغه واقعيت په نړۍ کې د ترقۍ او سوکالۍ د لارې يو لوی خنډ دی. د ماشومانو لپاره د پلان د خيريه موسسې په رپورټ کې لولو چې له نړيوالو مخالفتونو او د کم عمر د نجونو د واده د ضررونو په اړه له تبليغاتو سره سره، اوس هم په نړۍ کې هر کال لس ميلونه نجونې تر اتلس کلنۍ په کم عمر وديږي. په کم عمر د واده شويو نجونو روحي او جسمي صحت معمولا خراب وي . دوی اولاد سم نه شي روزلی، د ميړه په کور کې ګوزاره ورته سخته وي، خپل تعليم يې نيمګړی پاتې وي او دا امکان ډير دی چې په ژوند کې د بدبينۍ او مراويتوب ژور احساس ورته پيدا شي.

د پلان د خيريه موسسې په رپورټ کې لولو چې په کم عمر واده شوي نجونې معمولا له خپلې خوښې پرته په داسې کسانو وديږي چې تر دوی يې عمر ښه ډير دی او دغه حالت د دوی ستونزې لا زياتولای شي. د انګلستان د پلان خيريه موسسې مشرې ماريا ستاونټن د (ماتې شوې ژمنې) په نوم هغه نړيوال رپورټ په سريزه کې چې د کم عمر د ودونو په باره کې برابر شوی دی، ليکلي دي

چې: د کم عمر ودونه زموږ د دنیا د ترقي په مخ کې د لوی خنډ حیثیت لري. او دا زموږ مسولیت دی چې د هغو میلیونو نجونو د اعتراض اواز اوچت کړو چې له خپلې خوښې پرته تر اتلس کلنۍ دمخه واده کیږي.

په دغه رپورټ کې یوه هندوستانۍ میرمن کانتا دیوي نجلۍ په اړه چې په شپاړلس کلنۍ کې واده شوې وه ، وایي چې: تر اتلس کلونو د کم عمر کسان لا په ماشومانو کې حساب وي. د دوی د ودولو معنا دا ده چې ژوند یې ورتباه کوو او زده کړې یې ورنیمګړې کوو. د کانتا دیوې په قول، په کم عمر واده شوې نجونې تریخ او له خپګانه ډک ژوند په مخ کې لري.

تاند

Grammar:

Activity 18 - 3. Provide the correct form of the verb in the blank space.

په لاندې جملو کې ورکړل شو ي فعلونه په مناسب ډول وکاروئ -

۱. هغه نجلۍ چې تر اتلس کلنۍ په لږ عمر کې واده شي په ماشومتوب کې (واده کيدل) گڼل کيږي -

۲. په هند کی یوه نجلۍ چې لا اتلس کلنه شوي نه وه (واده کيدل)

۳. په لږ عمر دواده شويو نجونو روحي اوجسمي صحت معمولاخراب (ول)

۴. په ژوند کې دبدبينۍ اومړاويتوب ژور احساس ورته (پيدا کيدل)

۵. دپلان دخيريه موسسې په روپوټ کې (لوستل)

۶. دغه حالت ددوی ستونزې لا (زياتول)

۷. ماريا ستاونځې په سريزه کې (ليکل) دي

۸. دا زموږ مسووليت دی چې دمليونونو نجونو داعتراض اواز (اوچت کول)

۹. ميرمن کانتا دېوې په شپاړلس کلنۍ کی (واده کېدل) وه -

۱۰. دکم عمره ماشومانو دودولو مانا داده چې ژوند يې (ورتباه کول)

Reading:

يو وخت روښان ملايانو ته وويل : تاسو دشهادت كليمه څنګه وايي ؟ دوی وويل: يعنې «شاهدې وركوم چې نشته لايق دعبادت پرته له يوه خدايه» روښان وويل: كه يو سړی له خدايه خبر نه وي اووايي چې خبر يم دادروغ دي -

يو وار مولانا ذكريا روښان ته وويل : ته وايي چې ماته كشف القلوب شوی دی نو وايه چې زما زړه كې څه دي ؟ اوهركله چې دا راته ووايې نو زه به دې په يقين سره مريد شم - روښان وويل ک ستا په سينه كې زړه وي نو زه به يې حال ووايم - ليكن ستا په سينه كې زړه نشته ! مولانا ذكريا خلكو ته وويل اول ما مړ كړئ كه زما له سينې څخه زړه راووت نو بيا بايزيد ووژنئ اوكه را ونه وت نو دې ايله كړئ- روښان وويل دا زړه چې ته يې وايي - كه چيرې ورغومی اوخوسی څوک حلال كړي هم ترې زړه راووځي - دادغوښې ټوټه زړه نه دی - څكه چې رسول (ص) ويلي دي :

«دمومن زړه له عرشه لوی دی اوله كرسې پراخ دی - اوزړونه له زړونو سره ليد كتل لري »

يو پير ملک ميرزا نومي سړي ورته وويل : ای بايزيده ! ډېر مه وايه اوخلک بې لار مه بوله ،كه دچا خوښه وي نو ستا په لاره به ځي - اوكه دچا خوښه نه وي نو نه به ځي - روښان وويل :

يو مثال به درته ووايم : كه يوه ډله په يوه داسې كوټه كې ويده وي چې بې له يوې لارې بله لاره ونه لري اوكوټه اور واخلي اونا څاپه يو سړی بيدار شي نو نور دې خبر كړي اوكه نه ؟

دروښان ياد ليكوال ق –خادم چاپ ۱۳۵۵ كال كابل مخ ۷۲

Activity 18 - 4.

پورتنی متن په غور ولولئ اوبيا لاندې څرګندونې وګورئ او سم ځواب خوښ كړئ

الف : تاسو دشهادت کليمه غلطه وايي.
ب:تاسو دشهادت کليمه سمه وايي .
ج.تاسو دشهادت کليمه څنگه وايي ؟

۲. مولانا ذکريا روښان ته وويل :
الف: ته وايې چې ماته کشف القلوب شوی دی نو وايه چې زما په زړه کې څه دي ؟
ب: ته وايي چې زه په هر څه خبر يم -
ج: ته وايي چې خلک جاهلان دي اويوازې زه پوهيږم ؟

۳. مولانا ذکريا خلکو ته څه وويل :
الف: ما مړ کړئ اومړی مې سيند ته واچوئ -
ب: ما مړ کړئ اوبيا مې ښخ کړی -
ج: ما مړ کړئ اوبيا مې سينه څيرې کړئ

۴. رسول (ص) څه ويلي دي ؟
الف: دمومن زړه له عرشه لوی اوله څوکۍ نه پراخ دی -
ب: د مومن زړه يوه ټوټه غوښه ده چې هډوکي نه لري -
ج: د مومن زړه له عرشه لوی اوله کرسي پراخ دی -

۵. پير ملک ميرزا نومي سړي ويل :
الف: بايزيده ! ډير مه وايه اوخلک بې لارې مه بوله -
ب: بايزيده ! اخلکو ته سمه لاره وښايه اونور څه مه وايه -
ج: بايزيده خلکو ته سمه لاره ښايه داځکه چې جاهلان دي -

Grammar:

The Imperative mood:
The imperative is marked in Pashto by the particle /wu-و/ for simple and regular verbs added to the present stem. Then you need to add an ending: /-ه a/for the familiar singular and /ei-ئ- /for the plural and the formal singular .

Example:

لیکل: ولیکه ولیکئ

لوستل: ولوله ولولئ

خوړل: وخوره وخورئ

For the negative we use /don't مه /as a particle.

مه لیکه مه لیکئ

مه لوله مه لولئ

Listening text

په هرو دریو ثانیو کې

یوه ماشومه ودیږي

تانـد (چهارشنبه/سـنبله۲۳) د ملګـرو ملتونـو او نـورو نړیوالـو معیارونـو مطابـق هغـه نجلـۍ چـې تـر اتلـس کلنـۍ پـه کـم عمـر واده شي، پـه ماشـومتوب کـې واده شـوې ګڼـل کیـږي.

لـه ماشـومانو سره د مرسـتې نړیوالـې موسسـې ، پـلان، پـه خپـل تـازه رپـورټ کـې ویـلي دي چـې پـه هـرو دریـو ثانیـو کـې یـوه نجلـۍ چـې لا اتلـس کلنـه شـوې نـه وي ودیـږي او دغـه واقعیـت پـه نـړۍ کـې د ترقـۍ او سـوکالۍ د لارې یـو لـوی خنډ دی. د ماشـومانو لپـاره د پـلان د خیریـه موسسـې پـه رپـورټ کـې لولـو چـې لـه نړیوالـو مخالفتونـو او د کـم عمـر و نجونـو د واده د ضرورتـو پـه اړه لـه تبلیغاتـو سره سره، اوس هـم پـه نـړۍ کـې هـر کال لـس میلونـه نجونـې تـر اتلـس کلنـۍ پـه کـم عمـر ودیـږي. پـه کـم عمـر د واده شـویو نجونـو روحـي او جسـمي صحـت معمـولا خـراب وي . دوی اولاد سـم نـه شي روزلـی، د میـړه پـه کـور کـې ګـوزاره ورتـه سـخته وي، خپـل تعلیـم یـې نیمګـړی پاتـې وي او دا امـکان ډیـر دی چـې پـه ژونـد کـې د بدبینـۍ او مړاویتـوب ژور احسـاس ورتـه پیـدا شي.

د پـلان د خیریـه موسسـې پـه رپـورټ کـې لولـو چـې پـه کـم عمـر واده شـوي نجونـې معمـولا لـه خپلـې خوښـې پرتـه پـه داسـې کسـانو ودیـږي چـې تـر دوی یـې عمـر ښـه ډیـر دی او دغـه حالـت د دوی سـتونزې لا زیاتـولای شي. د انګلسـتان د پـلان خیریـه موسسـې مـشرې ماریـا سـتاونټن د (ماتـې شـوې ژمنـې) پـه نـوم هغـه نړیـوال رپـورټ پـه سریـزه کـې چـې د کـم عمـر د ودونـو پـه بـاره کـې برابـر شـوی دی، لیـکلي دي چـې د کـم عمـر ودونـه زمـوږ د دنیـا د ترقـي پـه مـخ کـې د لـوی خنډ حیثیـت لـري. او دا زمـوږ مسـولیت دی چـې د هغـو میلیونـو نجونـو د اعـتراض اواز اوچـت کـړو چـې

له خپلې خوښې پرته تر اتلس کلنۍ دمخه واده کیږي.

په دغه رپورټ کې یوه هندوستانۍ میرمن کانتا دیوي چې په شپاړلس کلنې کې واده شوې وه ، وایي چې تر اتلس کلونو د کم عمر کسان لا په ماشومانو کې حساب وي. د دوی د ودولو معنا دا ده چې ژوند یې ورتباه کوو او زده کړې یې ورنیمگړې کوو. د کانتا دیوې په قول، په کم عمر واده شوې نجونې تریخ او له خپگانه ډک ژوند په مخ کې لري.

د یادولو ده چې د ملگرو ملتونو د ماشومانو د حقونو کنوانسیون تر اتلس کلنۍ په کم عمر ودول د بشري حقونو خلاف ورزي گڼي. د کم عمر ودونه د نړۍ په وروسته پاتې ټولنو په تیره بیا به افریقا، جنوبي اسیا او منځنې ختیځ کې زیات دی.

Glossary

United Nations	ملګرو ملتو
Criteria	معیارونو
Childhood	ماشومتوب
Gets maried	وديږي
Oppositions	مخالفتونو
Reality	واقعیت
Harms	ضررونو
Propaganda, publicity	تبلیغاتو
Psychological	روحی
Make do, try to suffer and suvive	ګوزاره
Education	تعلیم
Incomplete	نیمګړی
Pessimism	بد بینی
Having no vigor, being dpressed	مړاویتوب
Leader (oblique for مشره)	مشرې
Broken Promises	ماتی شوې ژمنی
Has the status of a large impediment	د لوی خنډحیثیت لری
Responsibility	مسولیت
Objection	اعتراض

Married at a young age	په کم عمر واده شوی
In backkward (developing) societies	وروسته پاتی ټولنو کی
To be ruined	تباه کیدل
Charitable Organization	خیریه مؤسسه
They are much older than they (the women) are	تر دوی یی عمر ښه زیات دی
May increase it even more	لا زیاتولای شی
Raise their voice	اواز اوچت کړو

نولسم لوست

Activity 19 - 1. Match the Pashto words with English equivalents.

Without marriage	سخت دودونه
Cost	سبب ګرځي
Accept our son as your servant (slave)	بې واده
Argue with each other	ليک لوستو
Get married (tie our blanket with your shawl)	رضا
Causes	لګښت
Consent	خپلوي کول
Strict traditions	خپله شړۍ ستاسو له شال سره غوټه کړو
Literacy	زموږ زوی په غلامۍ ومنه
Become relatives (expressed figuratively).	په خپلو منځو کې شخړې کول

Activity 19 - 2. Mark as true all statements that are in accord with the listening text.

۱- په پښتنو کې دواده دودونه ډېر سخت دي -

۲. ودونو له پخوا نه فرق کړی دی ـ
۳. په کلیوالو سیمو کې پخوانی دود نشته ـ
۴. په لیک لوستو خلکو کې هیڅ توپیر نه دی راغلی ـ
۵. دخپلوۍ له پاره دنجلۍ دکورنۍ غړي دهلک کورته مرکه ورځي ـ
۶ . دوی وایي : موږ غواړو خپل شال ستاسو له شړۍ سره غوټه کړو ـ
۷. دوی وایی زموږ لور په خپله غلامۍ ومنۍ ـ
۸. دنجلۍ پلار سملاسي هو اونا کوي ـ
۹. کله چې دنجلۍ پلار اوکورنۍ راضي شي نو شیریني یا خوږه ورکوي اومبارک وایي ـ
۱۰ دافغانستان په تاریخ کې ددې دود څخه پادشاهانو اوخانانو دخپل واک دټینګولو له پاره کار اخیستی دی ـ

Activity 19 - 3. Match the right column statements with their paraphrases.

.دافغانستان مرکزي حکومت هر وخت دمحلي خانانو له چلنج سره مخامخ وو۔	په پښتنو کی د اکا زوی او د اکا لور واده کوی چی د تربورنو په وړاندی خپل اتفاق وساتی .
پادشاهانو د مختلفو سیمو د خانانو سره خپلوي غوره بلله ـ	شاهزادګانو د سلطنت د نیولو لپاره به خپلو مینځو کی شخړه کوله
دوه ورونه هم په خپلو مینځو کې خپلوي کوي چې دتره زوی په وړاندې سره یو والي ولري ـ	د بیلابیلو ځایونو د خانانو لورګانی په دربار کی ودیدلی
په ۱۹ پیړۍ کې امیر دوست محمد خان خپلو زامنو ته دهیواد دقومي مشرانو لورګاني واده کړي	په افغانستان کی د پلازمینی حکومت دومره پیاوړی نه وو
د باچا له مرګ نه وروسته دزامنو ترمنځ دوښمنۍ پیل کیدلې	د باچاهانو له مینځه یو پاچا له مختلفو قبیلو د مشرانو لونی خپلو ځامنو ته واده کړي

مرکه

واده اود سياسی قدرت په ټينګښت کې دښځو رول
دتورګل اوشمس الدين خبرې

شمس الدين: تورګل خانه مااوريدلي دې چې دواده په برخه کې پښتانه ډېر سخت دودونه لري - اودادودونه ان ددې سبب ګرځي چې يو بيوزلی اونادارہ سړی دډېرو کلونو له پاره بې واده پاتې شي -

تورګل: شمسه دينه دا فرق کوي . په دې مانا چې له پخوا نه اوس دې دود لږ فرق کړی دی - زما دخبرې مطلب دادی چې په کليوالو سيمو کې هماغه پخوانی دود شته خو په ښاري ټولنو کې اوپه تېره بيا دليک لوستو په منځ کې لږ توپير راغلی دی يعنې يوڅه دهلک اونجلۍ رضا اوخوښه هم په کې شامله شوې ده -

شمس الدين: دا سمه ده يو خو دواده دلګښت اودود مساله ده خو کولی شی ووايې دادود څرنګه ترسره کيږي ؟

تورګل: دمثال په توګه که هلک يوه نجلۍ غوره کړي اويا يوه کورنۍ وغواړي دخاصو سياسي اوقومي هدفونو له پاره له يوې بلې کورنۍ سره خپلوي وکړي - نو دهلک دکورنۍ له خوا څوکسه ورځي او دخبرې ديادولو په پيل کې داسې عبارتونه وايي:

موږ غواړو چې خپله شړۍ ستاسو له شال سره غوټه کړو -

يا داچې موږ غواړو چې زموږ زوی په خپله غلامۍ ومنې -

شمس الدين: نو د نجلۍ پلار سملاسي هو اونا کوي ؟

تورګل: نه ، بلکې دنجلۍ پلار وايي : زه به دخپلې کورنۍ سره مشوره وکړم اوبيا به تاسو ته احوال درکړم - خو يوه اونۍ يا دوه اونۍ وروسته چې دهلک دکورنۍ کسان ورشي - او د

نجلۍ پلار وغواړي ، نو میلمنو ته دخبرو دیادولو وروسته ـ یوڅه خوږه اوشیریني ورکوي او خبره ښکاره کوي او وایي چې ما خپله لور ستا زوی ته په شرعي نکاح درکړه ـ او مبارک ورته وایي اوبیا دوعا کي ـ خو زما په نظر جالبه خبره داده ـ چې یوه خو نجلۍ په وروسته پاتې ټولنه کې ددې حق نه لري چې په خپله خوښه واده وکړي یا میړه غوره کړي ـ بل اړخ یې دادی چې په لویه کچه اودهیواد په سطحه کې دنجلۍ ورکول یا دخپلوی اړیکو جوړول یو سیاسي اهمیت هم لري ـ

شمس الدین: دسیاسي اهمیت یې څنگه دی ؟ لږه یې وسپړه ـ؟

تورگل: داچې نجلۍ دانتخاب حق نه لري یوه مساله ده خو بل اړخ یې دادی چې زیاتره خانان دنفوذ خاوندان اوان په تیر تاریخ کې پادشاهانو له دې دود څخه دخپل واک دقوي کولو له پاره کار اخیستی دی ـ

شمس الدین: تورگل استاده زه خو دې حیران کړم ـ دا څه وایې خبره لږه روښانه کړه ـ

تورگل: شمسه دینه ته هم لکه چې دنویو تعلیم یافته ځوانانو په څیر دخپل کلچر نه خبرنه یې ـ خبره داده چې په افغانستان کې مرکزي حکومت هر وخت داطراف اومحلي خانانو اوقومي مشرانو له خوا دچلنج سره مخامخ وو ـ پادشاهانو نه شول کولای خپل کنترول په ټول قلمرو ټینگ کړي ـ نو ددې له پاره پادشاهانو غوره بلله چې دلویو خانانو سره خپلوي وکړي دهغو لورگانې خپلو زامنو ته کښینوي ـ اوهغه خانان یا دقومونو مشران په یو ډول سره ددولت پوري وتړي ـ

شمس الدین: نو دا کار دکوم پادشاه په وخت کې شوی دی ؟

تورگل: پادشاه پسې مه گرځه ـ دوه ورونه هم په خپلو منځو کې سره خپلوي کوي یو دبل لور زوی ته کښینوي ـچې دبل ورور اوتره زوی په وړاندې په خپلو کې سره یو والی ولري ـ یو خان دخپلې پرې جنبې یا ډلې دپیاوړې کولو له پاره له بل خان سره خپلوي کوي چې ددریم خان یا با قدرته کس په وړاندې سره یو موټی وي ـ اود اکار پادشاهانو هم کړی دی ـ په ۱۹ پیړۍ کې امیر دوست محمد خان خپلو زامنو ته دهیواد دقومي مشرانو اولویو خانانو لورگانې را واده کړي ـ امیر عبدالرحمان خان هم دغه کار کړی دی اودبیلابیلو قومونو مشرانو سره یې خپلوۍ وکړې ـ

شمس الدین: تورگل استاده !یعنې دا چې مثالونه زیات دي ـ اودا دسیاسي قدرت له

پاره ـ دښځو نقش او رول ثابتوي ؟

تورگل: ددې مانا دا هم کېداى شي چې دسياسي واک له پاره دښځو دنقش نه گټه اخيستل کېږي ، اوله ښځو څخه په کې بيا هم دېوې وسيلې په توگه کاراخيستل کيږي ـ لکه چې دمخه مې وويل درانيو پادشاهانو دبيلابيلو قومونو دمشرا نو اوخانانو لورگانې خپلو زامنو ته واده کړې ـ چې په دې ډول خپل قدرت په محلاتو کې ټينگ کړي ـ خو دې کار يو منفي اغيزه هم پيدا کړه.

شمس الدين: هغه منفي تاثيرات يې څه دي؟

تورگل: منفي اغيز يې دا وو چې کله ددغو مېرمنو اولادونه پيدا شول، اولوی شول نو بيا په قدرت باندې دهغو ترمنځ سيالۍ پيل شولي او په خپلو منځو کې يې په شخړو پيل وکړ او مرکزيت يې کمزوری کړ ـ

شمس الدين: باور وکه تورگل استاده ما د مخه دښځو او واده دمسالې په اړوند ددې خبرې اهميت ته پام نه وو کړي ـ

Activity 19 - 4. Change the following sentences to command form (imperative), singular.

۱ـ خپلوي (کول)ـ
۲. زموږ شړۍ له خپل شال سره (تړل)
۳. زموږ زوی په غلامۍ (منل)
۴. سياسې اهميت يې څنگه دی لړ يې (سپړل)
۵. داخبره لږه روښانه (کول)

Reading Text

نن بيا اسمان نيم وريځ اونيم شين دی ددې هيواد داسمان همداسې عادت وې دکوټې له کړکۍ بهر گورم ، کله چې دتنکي پسرلي سوړ باد راوالو ځي نو په

سړک کې پراته کاغذونه خځلي اوخاشاک له ځمکې پورته کړې لرېې پورته کړي بيرته يې پر ځمکه وغورځوي - يو نيم ډېر سپک دبوړبوکۍ سره په هوا شي اوله سترګو پناه شي -ښه ډېره شيبه دباد نڅاه ته فکر وړی ووم - دکوڅې له برې خوا يو دکوڅې اوسيدونکې په کړوپه ملا روان دی ، يو برګ سپې پړی يې له لاسه نيولي دي، کله ورته ناز ورکوي اوکله يې هم په ځان پسې کشوي- دکور مخې ته رارسيږي - ښه په ځير دروازی ته ګوري - بيا يې له کړکۍ دننه پر ما سترګې لګيږي ښه په ځير راسره سترګې ګنډي خو زه پام بلې خوا ته اړوم اوپه خپلو چرتونو اوفکرونو کې ځان مشغولوم - هغه سهار مې دکلا په ښی اړخ کې له ډېرې لاندې دسيند پر سر په لوېې پټې کې قولبه کوله - زموږدقولبې غوايان ډېر ډنګر شوي وو - ځمکه کلکه وه ، چست اوچالاک نه شول تللی - نو کله نا کله به مې دلښتې ګوزار پرې وکړ ، اورمرو چې خوږ به شو اوټوپ به يې واچاوه -

خو دګاونډي سپی په ډېر ناز اونخرو سره کله له خاونده ليرې اوکله هم نږدي ورسره روان شي - بيا چې دهغه سترګې له ما نه واوړي نو اسمان ته وګورم - داسمان خوځنده وريځ کله خو دلمر مخه ونيسي په ټول ماحول توره شپه جوړه کړي اوکله هم يو ناڅاپه رڼا کړې - لمر ټوله ساحه روښانه اوتوده کړي اوبيا تورتم جوړ کړي -

کلونه پخوا چې په خپل کلي کې وم - هلته زموږ دکلي اسمان وريځ نه درلوده - په اسمان کې به وريځ نه ليدل کيدله - دلمر په راختلو به تودوخه زياته شوه - هوا به ګرمه شوه - رڼا به هم وه اوتر هغو چې به ماښام کيدلو همداشان به هر څه په مزه روان وو- هلته لارويو په ناستو سلام اچولو - يوبل ته بد بد نه کتل -

Activity 19 - 5. Answer questions based on the text.

۱. اسمان په کيسه کې څه رنګ لري ؟

۲ .سوړ باد څه کوي ؟

۳. دکوڅې له اوسيدونکي سره څه شی دی ؟

۴. لاروی له کړکۍ دننه څوک ويني ؟

۵. راوي څه وايي چې دکلي څمکه څنګه وه ؟ اواسمان وريځ وو اوکه لمر ؟
۶. په کلي کې لارويو په نورو خلکو سلام اچاوه اوکه نه ؟

Glossary

Rival groups or gangs	پرى جمبى
Strict traditions	سخت دودونه
Cause	سبب ګرځي
Poor	ناداره
Unmarried	بې واده
Literate	لیک لوستو
The consent of the boy and the girl	دهلک اونجلۍ رضا
Wedding expenses	دواده لګښت
Establish a relationship	خپلوي کول
A figurative expression for proposal	خپله شړۍ ستاسو له شال سره غوټه کړو
Figurative: Accept our son as your son-in-law .	زموږ زوی په غلامۍ ومنی
To disclose the matter.	خبره ښکاره کول
To plow	قولبه کول
Whip, rod	لښته
Stare (lit. sew one's eys)	سترګی ګنډل
Influential people	دنفوذخاوندان
To consolidate power	دواک قوي کول

Educated	تعلیم یافته
Local khans	محلي خانان
To connect to the state	ددولت پورې تړل
To marry someone else 's daughter to one's son	دبل لور زوی ته کښینول
To marry (to my son)	راواده کول
To fight among themselves.	په خپلو منځو کې شخړې کول
Causes	سبب ګرځي
Purpose	مطلب
Consent and choice	رضا اوخوښه
Consultation	مشوره
Legal matrimony	شرعي نکاح
Interesting	جالبه
Expand on	وسپړه
Regions	محلاتو
Half cloundy	نیم وریځ
Half clear (said of sky)	نیم شین
Tornado	بوربوکی
Dance	نڅاه
Guest room	دیرې (دیره) dayRA
Fast, quick-moving	چست اوچالاک
Black and white (mixed color)	برګ bragg
Rope (here leash)	پړی PE.rrai
Turn attention away	پام بلی خوا ته اړوم
See me (his eyes hit me)	پر ما سترګی لږېږی

With bent back	په کړوپه ملا pe KRROOpa mla
Environment	ما حول
Coquettishness	ناز اونخرو
Plow Bulls	د قولبې غوایان
A strike of the rod (whip)	د لښتی گوزار
Everything was enjoyable	هر څه په مزه روان وو

شلم لوست

Activity 20 - 1. Match the Pashto words with their equivalents.

Blood relationships	پټو رازونو
Among themselves	مخالفتونو
Blesses, is kind to	دوښمنيو
Turban	راپورته کول
Conflicts	په خپلو منځو کې
Enmities	لاس راکاړي
Hidden secrets	هډشريکی
Raise	پټکی

Read these questions before listening to the audio

١. تربګني اوتربور څه ته وايي ؟
٢. په پښتنو کې ددې ډول سيالۍ اورقابت ريښې په څه کې دي ؟
٣. دځمکې اومالکيت ويش په دويم اودريم نسل کې دڅه سبب کيږي ؟
۴. آيا پښتانه له دې امله ټول يو دبل سره ځان برابر بولي ؟
۵. آيا تربګني څه ډول متضادې ماناوې لري ؟

تربګني اودوښمني

اتل : برمل خانه ته خو دپښتنی ټولنې په پټو رازونو ښه خبر يې ، که نن راته دا خبره سپينه کړې چې په پښتنو کې دمخالفتونو اودوښمنيو اصلي عامل څه دی ؟ نو ښه به وي لږ به زه خبر شم ځکه چې له ډيره وخته راهيسې مې په ذهن کې دا يوه پوښتنه ده .

برمل : اتله وروره ! تا خو داسې موضوع را پورته کړه چې په شپو شپو اومياشتو مياشتو پرې بحث کيدای شي . خو زه به درته يو عامل وښايم اوهغې ته تربګنې وايي :

اتل : تربګني؟ کولی شي لږ څه يې تشريح کړې ؟

برمل : هو تربګني له تربور له کليمې څخه اخيستل شوي ده . تربور دتره زوی ته وايي . تربګني هغه صفت دی چې ددوه تره زامنو ترمنځ سيالی ته ويل کيږي .

اتل : نو په پښتنو کې ددې سيالۍ اورقابت ريښې په څه کې دي ولې په اروپا کې دتره زامنو ترمنځ دا ډول رقابتونه نه وي ؟

برمل : جالبه خبره دې وکړه . يا دپښتنو خبره دنښې منځ دې وويشته . خبره داده چې پښتانه دپلار له مرګ نه وروسته ځمکه اوجايداد په خپلو منځو کې ويشي . اوهر يو زوی ته برابره برخه وررسيږي . دا کار په دويم اودريم نسل کې ددې سبب کيږي چې هر يو دورور اولاده دبل سره ځان يو برابر بولي . هيڅوک ځان له بل تره زوی څخه کم نه بولي . نو په دې اساس ددوی ترمنځ يو ډول سيالي موجوده وي .

اتل : دا خو دې عجيبه خبره را ته واضح کړه ما خو په دې هکله هيڅ فکرنه وو کړی . ښه نو په مشر ولۍ کې هم دوی يو بل ته تن نه ورکوي ؟

برمل : هو تقریبا همداسې ده ـ خو څرنګه چې دوی یعنې دیوی پلرینې اولاده یا یو خیل ځان دبل خیل اوطایفی یا پلرینې سره ځان مخامخ بولي نو په خپلو منځو کې یو تره زوي چې مشر وي ، متواضع وي ـ دمیلمنو درناوی وکړي ـ سخاوت ولري اوپه کشرانو لاس راکاږي ـ دمشر په توګه تاکل کیږي ـ

اتل : خو کله نا کله دا دتربګنی یا تربور ولی ددوښمنۍ مانا هم ورکوي دا څه سبب دی ؟

برمل : تا سمه خبره وکړه. رښتیاکله نا کله داکلیمه ددوښمنۍ په مانا هم کاروي . وجه داده چې ددوي تره زامنو رقابت اوسیالي اویو بل ته تن نه ورکول ددی سبب کیږي چې یو له بل سره سخت مخالفت وکړي ـ خو که له وړاندې یو کس اویا یوې کورنې سره یو له دوی مخالف شي نو بیا همدا تربور له خپل تره زوی ملاتړ کوي اودخپل هډ شریکي سره مرسته کوي ـ پښتانه په دې برخه کې یو متل لري وایي : بد تربور په بد اوسخت ځای کې په کار راځي ـ مطلب یې دادي چې په خپلو منځو کې خو سره رقابت کوي ـ خو که دړمګړي یا دبلې قبیلې کس سره دیو له دوی مخالفت پیدا شو نو دواړه ترونو زامن سره یو لاس کیږي ـ په همدې وجه کې که یو تربور دبل تربور ننګه ونه کړي نو بیا هغه ته پیغور ورکول کیږي چې هلکو ته خو تربور نه یې بلکې ترله یې بولې ـ ترله د تره لور ته وایي یعنې (ښځه یې) . یو چاته دمیړنو په ټولنه کې ښځه ویل ډیر سخت پیغور دی ـ

Activity 20 - 2. Fill in the blank spaces with the correct form of the verb using the verbs in the word bank.

لاندې جملې د فعل د مناسبې بڼې د کارونې سره ډکې کړئ -

۱ . ته د پښتنو د ټولنې په پټو رازونو ښه ( ) -

۲ .نن راته داخبره ( )

۳. زه به درته يو عامل ( ) -

۴. کولی شی لږ څه يې ( )

۵. تربګني هغه صفت دی چې د دوه تره زامنو سيالۍ ته ( ) -

۶. په پښتنو کې ددې سيالۍ اورقابت ريښې په څه کې ( )

۷ـ دا خو دې عجيبه خبره راته ( )-

۸. په مشرولۍ کې هم دوې يو بل ته ( )-

۹. سخاوت ( ) اوپه کشرانو لاس ( ) -

۱۰. همدا تربور له خپل تره زوی څخه ( )-

۱ـ ملاتړ کول ـ ۲. راکاږل ۳ـ تن نه ورکول ۴. واضح کول ۵. دي ـ ۶ـ ويل کيدل ۷. تشريح کول ۸. ښوول ۹ـسپينول ۱۰ـ خبريي ـ ۱۱. درلودل

Reading

ملا اوروحانیت په پښتنو کې

روحاني دملا طبقه (کلاس) ، یا دروحانیت نظم داستانه دار څخه توپیر لري ، په دې کې چې دا دروحانیت یوه فعاله کتله ده ۰ دمذهبي ژوند له پاره دنړۍ یا دونیا پریښودل په خاطر دوې خپله انرژي داسلامي احکامو زده کړې او درس ورکولو په لار کې لګوي . استانه یا استانه دار کیدای شي خپل ځان دمذهبي احکامو له پاره وقف او یا وقف نه کړي .له دې امله که دوی دا کار کوي دوی په اتکلی توګه خپل پلویان را پورته کوي ۰ خو یو لوی اکثریت ورسره زیات خوښ وي ۰دوی دونیایي ژوند په خوشالۍ اونیکمرغۍ سره پر مخ بیایي ۰ دوی دمذهب له پاره خپل ژوند وقف کو ي. په ټولنه کې ددوی کلاس اوس دپاملرنې وړ دی .ملا په څلورو کاتیګوریو (برخو) کې پیژندل کیږي ۰ امام - ملا – شیخ – اوطالب العلم ،

امام په ساده توګه یو د جماعت مشر دی چې په جومات کې را ټولیږي ۰ یا جماعت ورته ویل کیږي ۰همدارنګه رسمي دنده لري دجومات په اړوند په لمانځه کې ړومبنی مقام لري اوپه ځینو مواردو کې قران لولي اوهغه تشریخ کوي . هر جومات خپل امام لري یا پیشوا ورته ویل کیږي ۰ دفتر اولقب دواړه ورته میراثي دي ۰

ملا یو معمول روحاني دی ۰ په عمومي توګه څو ډوله اړیکي دهر جومات سره لري ۰ هغه اذان کوي ۰ لمونځ ورکوي، اوکله چې امام نه وي دهغه په غیاب کې امامت کوي. همدارنګه طالبانو ته مذهبي درس ورکوي۰ دلمانځه ورکولو شکل داسلامي دوکتورین په اساس ښیی اودکلي ماشومانو ته درس ورکوي چې څرنګه دلمانځه ډولونه زده کړي. همدارنګه دوی اکثرا دامامت په چوکاټ کې بریالي دي۰

«مذهبي مشر ته ملا ویل کیږي۰ ملا سربیره چې مسجد ساتي لمونځونه ورکوي۰ دمړي دګور اوکفن خدمت هم کوي۰ نکاح تړي۰ ملا دسپین پټکي په نامه په ننواتې کې هم ځي اوکله چې ددوو رقیبانو ترمنځ توده جګړه روانه وي نو ملایان قرانونه پر سر نیسي اودجګړې

ډگـر تـه داخلیږي اوپـه دې ډول جگړه بندوي.

کلـه کلـه پـه جرگـو اومرکـو کـې اصلـي غړیتـوب اخـلي خو پـه لویو جرگـو کې مـلا دجرگې اصلي غړی نـه وي. بلکـې ددعـا لـه پـاره هلته ورځي. پـه دغسـې جرگـو کې ملا لـه جرگـو څخه لیرې کښیني اوکله چې جرگه فیصله صادروي نو ملا ته دعوت ورکوي اوهغه دخیر دعا کوي. دځینو جرگـو پـه پـای کـې چـې خیرات کیږي دهغه سرپرسـتي پـه منظم ډول دملا پـه لاس وي.»

دپښتنو دقبیلوي حقوقي اصطلاحاتو قاموس . ۲۵۶ مخ

Activity 20 - 3. Read the text and answer the questions.

۱. روحانیون دمذهبي ژوند له پاره څه کوي ؟
۲. ایـا اسـتانه دار خپـل ځـان دمذهبـي احکامـو دعملـې کولـو پـه لار کـې وقـف کـوي ؟
۳ـ ملا په څو کتیگوریو ویشل کیږي ؟
۴. امام چاته ویل کیدای شي ؟
۵. ملا کومې دندې ترسره کوي ؟
۶. مذهبـي مشرتـه څـه ویـل کیـږي یـا څـه خطـاب کیـږي ، اوکومـې دنـدې دی تـرسره کـوي ؟
۷ـ په جرگو او مرکو کې دملا دنده څه وي ؟

Glossary

Enmities	دوښمنیو
Mind, consciousness	ذهن
To elucidate an idea	خبره سپینه کول
Subject, topic	موضوع maw.ZO
Discussion, argument	بحث bahs
Lifted, raised	راپورته کړه
Factor	عامل

Cousin (paternal)	تربور
Rivalry (among cousins)	تربګني
Competition	رقابت
The Center of the target	دنښې منځ
Among themselves	په خپلو منځو کې
Being a elder, leadership	مشرولي
Tribes	طایفې
Clan	خیل
Humble, modest	متواضع
Generosity	سخاوت
Blesses, shows kindness	لاس راکاړي
Kinship, blood relationship	هډشریکی
Third party	دریمګړی
Clerical Officer	استانه دار
The mullah who leads the prayer	امام
Mullah, a Muslim priest	ملا

keys to selected exercises

Note: We have left the listening blanks unanswered on purpose because the full text has been given within the lesson. However, if a particular exercise appears to have too many new words, you may want to listen to the vocabulary on the audio CD and look the words up in lesson-specific glossaries before attempting the exercise.

Activity 1 - 3. Match the words with their synonyms

څېړنې	تحقیقات
وښودله	څرګنده کړه
پړاوونه	مرحلی
ورته (WAR.ta)	غوندې
نږدې	تقریباً
ومنو	هو وواېو
رواج وه	کارېدله
پېړۍ	سل کاله
دمخه	پخوا
اوسنۍ	ننۍ
اداره کول	چلول
پرمختګ	ترقي

Activity 1 - 4. Write the plural form of the following nouns:

پښتون --- پښتانه

قوم ----- قومونه

دود ----- دودونه

خبره ----- خبري

ژبه ----- ژبې

مشر ---- مشران

Activity 1 - 5 . Read the text and answer the following True False questions.

1. Khoshal khan lived in the 18th Century. _F____
2. Khoshal Khan was a poet and an educator. __T__
3. He faced many ups and down in his life _T__
4. The key ideal in his life was military advancement. __F__
5. Khoshal Khan was born to an Aristocratic family. __T__

Activity 2 - 3.

Words Related to Religion	Words Not Related to Religion
شریعت محمدی	د قانون محکمه
ملایان	نظام
غیر مسلم	حواله کیدل
پیران	قاضی القضات
عالمان	منصب
قرانی قانون	

Activity 3- 4. Change the following sentences to past teense (simple past in English and perfective past in Pashto)

Example:

کله چې دپاکستان حکومت جوړیږي-Present tense

کله چې دپاکستان حکومت جوړ شو -:Past tense

-چې مارشال ایوب خان گورنر کیږي - ---- گورنر شو

-دمسلم لیگ غړي وزیران کیږي - --- وزیران شول

-دقاضي القضات دنده ورسپارل کیږي -- وروسپارل شوه

-دمسلمانانو له پاره پیغور کیږي - --- پیغور شو

-داسلام قانون عملي کیږي - --- عملی شو

Activity 3 - 5. Translate the following phrases to English.

۱-څلویښت کاله وروسته After forty years

۲-نوی ولایت اوسرحد جوړ کړ - Made a new province and border

۳-له هند سره هیڅ دول اړیکي نه درلودل- Had no relations whatsoever with India

۴ـله ګډوډۍ څخه وتلی يو نظام ـ A regime just out of chaos

۵ـ شرايط اوحالات بيخي پيچلي وو

Conditions and circumstances were very complex

۶ـپښتانه دژبني اوتاريخي ملحوظاتو له مخې ـ

Pashtuns because of language and historical considerations

۷ـيوه نقطه دنويو راتلونکو په ګټه وه ـ

One point was to the advantage of newcomers

۸ـدسکانو په نسبت انګريزان خلکو ته لږ دسپکاوی وړ وو-

The British were less worthy of insult than the sikhs

Activity 4 - 1.

Words Unrelated to Love/ Marriage	Words Related to Love/Marriage
وژل	واده
بيکاری	مين
نيستی	جنسی تيری
	خسر

Activity 4 - 2.

۱ سړی لندن ته تښتیدلی وو ځکه چې په یوې نجلۍ مین وو.
۲ ده پیسې هم نه درلودی او وزګار وو.
۳ سربیره پر دی چې کار یې نه درلود په یوه میروښې ښځې یې جنسی تیری هم کړی وو.
۴ د نجلۍ میره او خسر ګنی د سړي پسی ول نو ځکه وتښتید.
۵ ښځې ددی سړي له کاره خپل میره خبر کړ.

Activity 5 - 4.

شکور چې لس کلن وو په یو وړوکی ښار کی یی (ژوندکاوه) . د دوی په ښار کی مکتب نه وو نو شکور په کور کی د خپل پلار څخه (درس لوسته). ورسته چې مکتب (جوړ شو) د شکور پلار خپل زوی په کی (شامل کړ). پس له هغه نه شکور په خپل بایسکل باندی مکتب ته (تله)

Activity 5-5

English	پښتو
The village lies	۱-کلی پروت دی -
Exists	۲-شتون لري -
Pertains to Jahan Pahlavan	۳-جهان پهلوان ته منسوب دی -
Have settled	۴-میشت سوي -
Has kept the name	۵.نوم ساتلی دی -
Were in power	۶-واکمن وو -
Ancient past	۷.لرغوني مخینه -

Activity 6 - 2.

۱- په ځینو کلاګانو کی بزګران په کلا کی دننه اوسیږی.
۲: کلا _جګ_ _دیوالونه او لویی دروازې لري.
۳. بزګرا ن که د کلا نه د باندي هم وي کله چې _خان_ ورته اړتیا ونه لري

دخپلو کورو څخه په وتلو مجبور یږي.

۴. که نیکه ژوندی وي نو په کورنۍ باندی خپل تسلط ساتي.

۵. زکلا گان د ختو څخه جوړ دي.

۶. زمینداران د پراخو کورنیو خاوندان دي.

Activity 6 - 3. Provide the past imperfective and past perfective forms of the verbs given here.

1	انعام ورکوي	انعام ورکاوه	انعام ورکړ
2	گډون کوي	گډون کاوه	گډون وکړ
3	گواښنه کوي	گواښنه کوله	گواښنه وکړه
4	ملن وهي	ملن وهله	ملن ووهله
5	تورنوي ـ تورن کوي	تورن کاوه	تورن کړ
6	تامینوي ـ تامین کوي	تامیناوه	تامین کړ

Activity 6 - 4.

1. In Egypt, the military is honored with a special day. _T__

2. While honoring the soldiers, President Mubarak promised to step down. _F__

3. The passage cites misconduct and mistreatment of political prisoners as one reason for the demonstrations. _T__

4. Mubarak said that he would bring about reforms. _T__

5. The roots of the Police State in Egypt go back to the beginning of Mubarak's rule in the 80s. _F__

Activity 7 - 2. Answer the following questions by selecting the best answer.

1. What is one source of our information about Mirza Khan Ansari?

A. Western Scholars (correct)

B. Religious Scholars

C. Moghul historians.

2. What is true of Mirza Khan Ansari?

A. He did not fight against the Moghul rulers of India

B. He left the movement and started working with authorities (correct)

C. He was the son of Bayazid Roshan

3. How was Rashid Khan related to Mirza Khan?

A. They were brothers

B. Mirza was Rashid's brother-in-law (correct)

C. Rashid was Mirza's son-in-law

Activity 7 - 4. Complete the following sentences with an appropriate verb form. Pay attention to the context so that you choose correctly between perfective and imperfective forms.

۱. میرزا خان انصاري د بایزید روښان لمسی (وو)
۲. دمیرزا خان یادونه په قدیمو اثارو کې (کید له)
۳. دمیرزاخان مور زلیخا (نومیدله)
۴. میرزاخان د بایزید روښان لید توګه په بشپړه توګه (یاده کړه)
۵. وروستو بیا احداد او میرزا خان د حکومت سره کار (پیل کړ)

Activity 7 - 5. Complete the following sentences using the word bank.

1. The Sanskrit word «Euroda» means_Life Science________

2. Turmeric increases an important __enzyme_____

3. In addition to medicinal use, turmeric is also used in making __perfume___

4. Turmeric was first used by Indians to cure __ulcer____

5. What was turmeric prescribed for in China? ____ gas______

6. Turmeric is actually a ___root____

Activity 7 - 6. Change the following sentences to past tense, using the verbs given in parentheses appropriately.

۱. ایورودا دطبیعي ترکیباتو په وسیله دناروغیو درملنه (ده ، وه ، وې) ده
۲. طبیعي کشف شوې ترکیبات په پراخه پیمانه استعمال (کیږي، کیدل، شول) کیدل
۳. په ګرم مزاجو اشخاصو کې یې ترکیبي درملونه ازمایښت (کول، کړل، کوی) کړل
۴. دا بوټی دمعدې زخم اوالتهابي دردونو له پاره ښه درمل (دي ، شته ، وي به) دی

۵. کورکمن دیو بوټي ریښه (ده ، وه ، کیدله ،) ده
۶. کورکمن انتي اکسیدانت خواص (درلودل ، لرل ، لري) لری

Activity 8 - 3. Choose equivalents to phrases or sentences from the text:

د رحمان بابا شعرونه د مینی په هکله دي	د رحمان بابا د دیوان اصلي محتوا عشق دی
د رحمان با با ژوند د وخت په تیریدو سره بدلون موندلی	د رحمان د ژوند منحني له پراووونو تیره شوې ده
مالومه ده چی رحمان مجازی عشق کړی دی	هیڅ منکر دا نه شي ویلای چې ده دې مجازي مینه نه وي کړي
دی داسی فکر کوی چی سری د عشق سره پیدا کیږي	دهغه په باور عشق کسبي نه دی فطري دې
د رحمان فکر معنویاتو په لور اوښتی	معنوی الهاماتو ته یی پام شوی

Activityn 8 - 4. Provide the feminine form for the singular and plural nouns given:

سره	سور
زیره ZAY.ra	زیر
سره	شین
سره	سوړ
اوږده	اوږد

محمد زی	محمد زی
ګلالی	ګلالی
روسي	روسي ، روسی
بی پروا	بی پروا
سوی (SEwai burned)	سوې (SEway)

Activity 8 - 5.

ملي شورا	Parliament
هوښیار	Wise
انتخابات	Elections
وکالت	Representation
پلانکی	So and so
مقدس ماغزه	Holy mind
مبارکو لاسونو	Holy (blessed) hands

Activity 9 - 3. Match the Pashto words with their English equivalent.

Customs, traditions	دودونه	۱
Courage, manhood	مېړانه	۲
Confrontation	مقابله	۳
Tenth generation descendent	لسم لمسی	٤
Cowardice	بې غيرتي	٥
Honor	ناموس	٦
Guilt, crime	جرم	۷

Activity 9 - 4. On the right column, read the phrases and isolate the adjectives. For each adjective, find a synonym on the left column.

قومی	۱. قبيلوي مناسبات
څو نسله پخوا	۲. لسم نيکه
شديده	۳. سخته مقابله
بين المللی	۴. نړيواله غونډه
لوی	۵. ستر زعيم
زړه ور	۶ . ميرنی سړی
پيژندل شوی	۷ . مشهور شاعر
فرهنگی ، غير مادي	۸ . معنوي

۹ . کلاسیک اثر	ښه ، مهم
۱۰ . پرتلیزه ځیرنه	مقایسوی

Activity 10 - 4. Provide the subjunctive form of the given verbs in the following sentences .

۱- باید ته خپله کورنۍ دنده په پښتو (لیکل) ولیکی

۲- زه غواړم چی اوبه_ (څښل، څکل) و څښم

۳- هیله لرم چی ستا میلمانه سبا ته _ (راتلل) راشی

۴- نیت لرم چی افغانستان ته سفر (کول) وکړم

۵- زه به دی یوازي (پریښودل) پریږدم

۶- دا ضروري دی چی څو ته چارواکي دی خپله استعفا (وراندې کول) کړي

Activity 11 - 4 . Complete the sentences using the words from the word bank.

بلل - اوږده - ښوروا — ټوکه -- غچ

۱. ګیدړې غوښتل چی په زانه باندې یوه ټوکه وکړي.

۲. ګیدړې ښوروا په پشقاب کی واچوله او په خوړلو یی پیل وکړ.

۳. زانې د ګیدړې څخه د غچ اخیستلو تصمیم ونیوه.

۴. د زانې مشوکه اوږده وه نو ځکه یی د صراحی څخه ښوروا خوړلی شوه.

۵. ګیدړه د ماښام ډوډۍ ته بلل شوې وه.

Activity 12 - 1. Sort words related to health and those unelated to health.

سرچینه - ناروغی—د زړه حمله - د شکري مرض - په ډاګه کړې ده -- روغتیا - پایله - نور مواد

Words Unrelated to Health	Words Related to Health
سر چینه	ناروغی
په ډاګه کړې ده	د زړه حمله
نور مواد	روغتیا
پایله	د شکری مرض

Activity 12 - 3. Listen to the audio again and match the Pashto words to the English equivalent phrases.

1. Has been experimented	تجربه شوی
2. Harms the human body	دانسان بدن ته زیان رسوي
3. Remains stored in the body.	په تن کې ذخیره پاتې کیږي
4. Diseases come about	ناروغۍ پیدا کیږي
5. More than others	نسبت نورو ته زیات
6. Has conducted a study on 100.000 people	په سل زرو کسانو یوه څیړنه کړې
7. Has recommended	سپارښتنه کړې

Activity 12 - 5.

عادی - ملی - خواری - تعلیم - مینځ ته راغی - سندر غاړو

۱ـدملنګ جان ژوند په خوارۍ پيل کيږي.

۲ـ ملنګ جان يو عادی سړی نه وو.

۳ـ دملنګ جان شعر په يوه روښانه او ويښه دوره کی مينځ ته راغی

۴ـ ملنګ جان د تعليم نه بی برخی وو.

۵ـ ملنګ جان د ملی شاعر په لقب ياد شو.

۶ـدملنګ جان شعرونه لومړی د سندرغاړو له خوا وپيژاندل شول.

Activity 12 - 6. Are these statements true based on the text?

۱ـ ملنـګ جـان د کلاسـيک او ليکلـی کلتـور او شـعری فرمونـو تـر اغيـز لانـدی نـه وو: ناسـم.

۲ـ د ملنګ جان شعرونه زياتره ملی محتويات او مضمون درلود: سم

۳ـ ملنګ جان خپل پلار په وړکتوب کی له لاسه ورکړ: سم

۴ـ ملنګ جان سربيره پر دی چی شاعر وو پياوړی سندرغاړی هم وو. ناسم

Activity 13 - 4.

۱ـ دسياسي ثبات نشتون ددې سبب کيږي -

۲ ـد سياسی ثبات نشتون ددی سبب ګرځی -

۳. کش ماکش ددی سبب کيږي -

۴. څلور باچايان بدل رابدل کيږي -

۵ـ سياسي مشري بيرته شاه محمود ته ليږدول کيږي -

۶ـ. سلطنت درانیانو ته انتقال مومي .

۷ـ له دیني رهبرانو څخه غوښتنه کیږي

۸- د عید گاه په جامع حومات کی تایید کیږي

۹- د ملا مشک عالم څخه غوښتنه کیږي.

۱۰-مراسم په دی ډول دي.

Exercise 13 - 5. Read these sentences and fill in the blanks with words from the word bank. You will need to put the words in their correct form, for example with the proper inflection, verb ending, etc.

۱ ـ که څوک خپل بدل وانخلي هغه ته پیغور جوړیږی .

۲ ـ سیالی د نورو خبلوانو او کلیوالو سره ځا ن برابر ساتل دي.

۳- د ښځو او نارینه و تر مینځ ښکاره توپیر شته

۴- پـه پښـتنو قبایلـو کـې لانجـې زیاتـره د هغوخلکـو سره پیښـیږي چـی نـزدې نسـب دي

۵- د پیغور څخه ژغورنه ډیر سخت کار دی .

۶- که نارینه ته وویل شی چی میره نه دی او ښځنوک دی دا خبره ورته سپکاوی گڼل کیږي

Activity 14 - 4. Translation

What scale is used to weigh beauty?	- ښکلا په کومه تله تلل کیږي ؟

His (her) color is so black that no one can be more black than he.	۲ـ رنګ يې دومره تور وي چې تر هغه زيات تور نه وي
No one likes a pale person	۳ـ زيرنک څوک نه خوښوي
The most important condition is the thinness of the waist	۴ـ تر ټولو اهم شرط دملا نريوالی دی

Activity 14 - 5. Match the phrases on the right with those on the left on the basis of meaning.

د غربي هيوادونو د دښمنۍ ډګر	افغانستان په ۱۹پيړۍ کې
د پاريس تړون	د انګريزانو د حاکميت په رسميت پيژندل
د روسانو له خوا وځپل شول	د مينځني اسيا سرکشه قوتونه
د افغانانو مقاومت ستايي	فرح مهدی
قومی او سيمه ايز نه وو	د افغانانو جنګونه

Activity 15 - 3 . Match the two columns based on similarity in meaing.

A		B	
واده کول	الف	دمیرہ انتخاب--	۱
دپخوا پر عکس	ب	دپخواني تصور برخلاف	۲
مینه ورته ډیره مهمه ده	ج	مینې ته تر پیسو ډیر اهمیت ورکوي	۳
یوازې مینه ورته بسنه نه کوي	د	ښه کار او شتمنی هم غواړي	۴
لږ شمیر پیغلی	ه	د نجونو نهه فیصده	۵
د عامه افکارو سروې	و	د خلکو د نظریاتو معلومول	۶
په خپلو دندو کی واندی تلل	ز	ترقي او د کار پرمختګ	۷

Activity 15 - 4.

د میرہ په انتخاب کی یی میرہ ته نه دي کتلی	۱. دمیرہ په انتخاب کې پیسو ته نه ګوري
یوې نوې سروې ښودلې ده	۲ . یوه نوي سروې ښیی
مینی ته یی تر پیسو ډیر اهمیت ورکړی	۳. مینې ته تر پیسو ډیر اهمیت ورکوي
ددی سروې یوه تر سره کوونکي رسنیو ته ویلی دی.	۴ . ددې سروی یو تر سره کوونکی رسنیو ته وایي
د ګارین درځپانه تر دی سرلیک لاندی مقاله خپره کړ ي ده.	۵- د ګاردین ورځپانه تر دې سر لیک لاندې مقاله خپروله -

۶ـ په افغانستان كې دنړيوالو له پوځي هلو ځلو لس كاله تېر يږي ـ	په افغانستان كی د نړيواله پوځی هل ځلو نه لس كاله تير شوی دی.
۷ . دورځپاڼې له ليكنې دا حقيقت معلوميږي ـ	د ورځپاڼی له ليكنې دا معلومه شوي ده
۸ ـ دافغانستان ټولنه ټوټه ټوټه كيږي	د افغانستان تولنه ټوټه ټوټه شوې ده

Activity15 - 5. Change the following sentences from past and present perfect tense into present :

۱. نجلۍ د ميړه انتخاب كړی دی ـ	نجلۍ د ميړه انتخاب كوی
۲. پيسو ته يی اهميت ور كړی نه دی ـ	پيسو ته اهميت نه وركوی
۳ . شتمني يې ډيره پيدا كړې ده ـ	شتمنی ډيره پيدا كوي
۴. له چا سره يې واده ته زړه ونه شو ـ	د چا سره يی واده ته زړه نه كيږي
۵ـ كسيري رسنيو ته ويلي دي ـ	كسيری رسنيو ته وايی

Activity 15 - 6.

۱ـ د افغانيت نظريه په افغانستان كې اوس پياوړې شوی ده

۲ـ دافغانستان بيا رغاونه جدّي ژمنی ته اړتيا لري.

۳ـ دا هيواد جگړو ځپلی.

۴ـ دپغـمان پـه فولكلوريكـه سـندره كـی ويـل شـوي وو چـه پـه كابـل مونږ يرغـل كـوو ـ

۵ـ گاردين ليكي : دنړيوالو له پوځي هلو ځلو څخه لس كاله تيريږي ـ

۶. هغوی په دې باور نه دي چې افغانستان يو ملت دی ـ

۷ ـ ورځپاڼه : دافغانستان ټولنه ټوټه ټوټه ده ـ

۸ـ په افغانستان كی هم سنّی شته هم شيعه ـ

۹ـ د گارين په ورځپاڼه كی د نونسمی پيپرۍ يوه سندره ياد شوې ده. ـ

۱۰- بهرنیانو ته چی د رغاونی لپاره راځی هرکلی - ویل کیږي -

Activity 16 - 3

احمد به کتاب ولولی	۱- احمد کتاب لولي -
پروین به سینګار وکړي	۲ - پروین سینګار کوي -
تلویزیون به درامه خپره کړي	۳. تلویزیون درامه خپروي -
ورځپانه به حقیقت ونه لیکی	۴. ورځپانه حقیقت نه لیکي -
منصور به ځان ووژنی	۵- منصور ځان وژني -

Activity 16 - 4. Match the sentences on the right with their English equivalents on the left.

Soon you will read a great deal of written work.	۱. په راتلونکی وخت کی به ګنی لیکنی ولولی
You will hear in meetings	۲ . په مجلسونو کې به واورئ
What will they learn from the poor poet's verses	۳ . دشاعر غریب له بیتونو به دوی څه پند واخلي
Whoever is caught up in war will say	۴. خوک چې په جنګ کې ښکیل شي نو وبه وايي
He knew that people would not get some of his verses.	۵. هغه پوهیده چې اولس به يې ځینی بیتونه وانخلي

Activity 16 - 5.

لومړی متن ولولی بیا لاندې جملې وګورې چې سمې دي اوکه ناسمې.

۱. د ځینو لیکوالانو په اند د پښتو ژبې شاعران ډیر شوي دي ـ سمه

۲ . د متن د لیکونکي په باور شاعران دی باید نور د ګودر، منګي اوبنګړي شعرونه ونه لیکی. ـ نا سمه

۳. ځینې وایي نثر مهم نه دی ـ سمه

۴. د متن لیکوال په شعر باندې د خلکو نیوکی په ځای ګنې ـ نا سمه

۵. تلویزیونونه ، رادیو ګانې اوچاپي رسنۍ په سیاسي حالاتو باندې تبصرې کوي. ـ سمه

۶. زموږ د بدبختیو له پاره یوازې خوشال خټک کافي نه دی ـ سمه

۷. خوشال با با د پښتنو د ژوند په بیلو بیلو اړخونو بادې خبرې کړي دي.. سمه

۸. . خوشال خان وایی چې پښتانه یی توره ستایی خو د قلم او لیکنو قدر یی بیا نه کوي. ناسمه

۹. اولس د خوشال د شعرونو یوه وړه ځنډه منلي ده او نور یی پری ایښي دي.. سمه

۱۰. که شاعران په سیاست باندې هم لیکنی وکړي کوم ښکاره اغیز به ونه لري. سمه

Activity 17 - 2. Listen to the audio and answer questions.

۱ـ کوم ځواب د اتڼ په هکله سم دی؟

الف. د خوښۍ د مراسمو په وخت کیږي (سم)

ب . افغانان چې بهر ته مسافر شول، خپل اتڼ یې هیر کړ
ج . د اتڼ په وخت کې خلک ځانګړي خولۍ یا پټکي په سر کوي

۲ . په متن کې د کوم توپیر خبره شوې ده؟
الف . د ښځو او د نارینه و تر مینځ
ب . د کندهار او د پکتیا تر مینځ (سم)
ج . د مزار او د غزنی تر مینځ

۳. خلک چې د اتڼ د ډول غږ واوری نو که لیری هم وی
الف . د اتڼ کولو د پاره تیاری نیسی او په انتظار کیني
ب . غواړی په دی پوه شي چې ډول د څه شي ډول دی
ج . د غږ په لور ځی (سم)

۴. د ډول وهلو طرز په څه پورې اړه لري ؟
الف . په سیمه او قوم پوری
ب . د کال په فصل او وخت پورې
ج . په دی پوری چې څه پیښه شوي ده (سم)

۵. مسلکي اتڼ چیان څه ډول خلک دي؟
الف . د خپل اتڼ د پاره پیسی اخلی
ب . د ډیرو قومونو اتنونه یې زده دي
ج . اوږدې څڼې لری (سم)

Activity 17 - 3.

ه په مجموعي ډول	۱ـ په ټوليزه توګه
ب پخوانۍ وسيله	۲. لرغوني اله
د په وخت	۳. پرمهال
ج يو ډَول نه دی	۴ . توپير لري
و خاص کالی	۵. ځانګړې جامې
الف ويښتان	۶ـ څنې

Activity 17 - 4. Match the items on the right with items on the left.

Generally, atans are similar.	۱ ـ اتڼ په ټوليزه توګه سره ورته وي
Usually atan starts with the dhol	۲. اتڼ معمولا له ډول سره پيل کيږي
In a battle too, dhol is used	۳ . دجګړې پر مهال هم له ډول څخه کار اخيستل کيږي ـ
There are special clothes for atan	۴. داتڼ له پاره مخصوصې جامې وي
Atan dancers have long tresses.	۵ .اتڼ چيان اوږدې څنې لري
The atan of these two cites is not different.	۶ . ددې دوو ښارونو اتڼ سره توپير نه لري

Activity 18 - 3. Provide the correct form of the verb in the blank space .

په لاندې جملو کې ورکړل شو ي فعلونه په مناسب ډول وکاروئ ـ

۱ـهغه نجلۍ چې تر اتلس کلنۍ په لږ عمر کې واده شي په ماشومتوب کې (واده شوی)   ګڼل کيږي ـ

۲. يوه نجلۍ چې لا اتلس کلنه شوي نه وی (واده کيږی)

۳. په لږ عمر د واده شويو نجونو روحي اوجسمي صحت معمولا خراب (وی)

۴. په ژوند کې دبدبینۍ اومراویتوب ژور احساس ورته (پیدا کیږی)
۵. دپلان دخیریه موسسې په روپوټ کې (لولو) ـ
۶. دغه حالت ددوی ستونزې لا (زیاتوی)
۷. ماریا ستاونتن په سریزه کې (لیکلی) دي
۸. دا زموږ مسوولیت دی چې دملیونونو نجونو داعتراض اواز (اوچت کړو)
۹. میرمن کانتا دېوې په شپاړلس کلنۍ کی (واده شوی) وه ـ
۱۰. دکم عمره ماشومانو دودولو مانا داده چې ژوند یې (ورتباه کوو)

Activity 18 - 4.

پورتنې متن په غور ولولئ اوبیا لاندې څرګندونې وګورئ او سم ځواب خوښ کړئ

الف : تاسو دشهادت کلیمه غلطه وایي.
ب: تاسو دشهادت کلیمه سمه وایي.
ج : تاسو دشهادت کلیمه څنګه وایي ؟ (سم ځواب)

۲. مولانا ذکریا روښان ته وویل :
الف : ته وایې چې ماته کشف القلوب شوی دی نو وایه چې زما په زړه کې څه دي ؟ (سم ځواب)
ب: ته وایي چې زه په هر څه خبر یم ـ
ج: ته وایي چې خلک جاهلان دي اویوازې زه پوهیږم ؟

۳. مولانا ذکریا خلکو ته څه وویل :
الف : ما مړ کړئ اومړی مې سیند ته واچوئ ـ
ب: ما مړ کړئ اوبیا مې ښخ کړی ـ
ج: ما مړ کړئ اوبیا مې سینه څیرې کړئ (سم ځواب)

۴. رسول (ص) څه ویلي دي ؟
الف: دمومن زړه له عرشه لوی اوله ځوکۍ نه پراخ دی ـ
ب: د مومن زړه یوه ټوټه غوښه ده چې هډوکي نه لري ـ
ج: د مومن زړه له عرشه لوی اوله کرسي پراخ دی ـ(سم ځواب)

۵. پير ملک ميرزا نومي سړي ويل :

الف: بايزيده ! ډير مه وايه اوخلک بې لارې مه بوله -

ب: بايزيده ! اخلکو ته سمه لاره ښايه اونور څه مه وايه -(سم ځواب)

ج: بايزيده خلکو ته سمه لاره ښايه داځکه چې جاهلان دي -

Activity 19 - 3. Match the right column statements with their paraphrases.

دافغانستان مرکزي حکومت هر وخت دمحلي خانانو له چلنج سره مخامخ وو-	په افغانستان کی د پلازمینی حکومت دومره پياوړی نه وو
پادشاهانو د مختلفو سيمو د خانانو سره خپلوي غوره بلله -	د بيلابيلو ځايونو د خانانو لورگانی په دربارونو کی ودیدلی
دوه ورونه هم په خپلو مينځو کې خپلوي کوي چې دتره زوی په وراندې سره يو والی ولري -	د هیواد د بيلا بيلو سيمو په پښتنو کی د اکا زوی او د اکا لور واده کوی چی د تربورنو په وراندی خپل اتفاق وساتی .
په ۱۹ پيړۍ کې امير دوست محمد خان خپلو زامنو ته دهيواد دقومي مشرانو لورگانې واده کړې -	د باچاهانو له مینځه يو پاچا له مختلفو قبیلو د مشرانو لوڼی خپلو زا منو ته واده کړی
دپلار له مرگ نه وروسته دزامنو ترمنځ دوښمنۍ پيل کيدلې -	شاهزادگانو د سلطنت د نيولو لپاره په خپلو مینځو کی شخړه کوله

Activity 19 - 4. Change the following sentences to command form (imperative), singular.

۱- خپلوي (کول)-
۲. زموږ شرۍ له خپل شال سره (تړل)
۳. زموږ زوی په غلامۍ (منل)
۴. سياسې اهميت يې څنگه دی لږ يې (سپړل)
۵. داخبره لږه روښانه (کول)

Activity 20 - 2. Fill in the blank spaces with the correct form of the verb.

لاندې جملې د فعل د مناسبې بڼې د کاروني سره ډکې کړئ ـ

۱ . ته د پښتنو د ټولنې په پټو رازونو ښه (خبریی) ـ

۲ .نن راته داخبره (سپینه کړه)

۳. زه به درته یو عامل (وښایم) ـ

۴. کولی شی لږ څه یې (تشریح کړی)

۵. تربګني هغه صفت دی چې د دوه تره زامنو سیالۍ ته (ویل کیږي) ـ

۶. په پښتنو کې ددې سیالۍ اورقابت ریښې په څه کې (دي)

۷ـ دا خو دې عجیبه خبره راته (واضح کړه)ـ

۸. په مشرولۍ کې هم دوې پو بل ته (تن نه ورکوي)ـ

۹. سخاوت (لری) اوپه کشرانو لاس (راکاږي) ـ

۱۰. همدا تربور له خپل تره زوی څخه (ملاتړ کوي)ـ

۱ـ ملاتړ کول ـ ۲. راکاږل ۳ـ تن نه ورکول ۴. واضح کول ۵. دي ـ ۶ـ ویل کیدل ۷. تشریح کول ۸. ښوول ۹ـسپینول ۱۰ـ خبریي ـ ۱۱. درلودل

Glossary Alphabetized

Swimming	اب بازي
Initiative, innovation	ابتکار
A scholar's name	ابن مقفع
Rely	اتکاء کول
Heroes	اتلان
At the age of eighteen	اتلس کلنی
(tribe)Utmanzi	اتمانزی
The most common group dance of the Pashtuns	اتڼ
Dancers	atanchiano اتڼ چیانو
Work such as a book	اثار (اثر)
Throw	اچول
Feeling	احساس
Ahmadzai, a Pahtun tribe	احمدزی
Brother- in- law	اخښی
Relation	ارتباط
Turn, change	اړوو
Marriage	ازدواج
Clerical Officer	استانه دار
Use	استفادي
Stability, calm	استقرار
Residents	استوګني
Aristocracy	اشرافو
Idiom, expression	اصطلاح
Reform	اصلاحاتو
Principles	اصولو
Obedience	اطاعت
Objection	اعتراض
Advertise	اعلان
Effect	اغبز
Originally from Africa	افریقایي اصله
Regrets	افسوس
Having Afghan character or sensibility	افغانیت
Inflammation pains	التهابي دردونه

Inspirations	الهامات
The mullah who leads the prayer	امام
Privileges	امتیازونه
Choose, choice	انتخاب
Election	انتخابات
Transfer	انتقال
Measure, amount	اندازه
Balance	انډول
Geneology	انساب
Fairness	انصاف
Rewards	انعامونه
Revolution	انقلاب
Motivation	انګېزه
Importance	اهمیت
Raise their voice	اواز اوچت کړو
Water	اوبه
Climax	اوج
To hear	اوریدل
Along	اوږدو
Long	اوږدو
Along	اوږدوکي
Long tresses	اوږدي څني
Long tail	اوږدي لکی
To convert	اوښتل
Raising children	اولاد روزنه
At most, barely	ابله
Obedient	ایل اومطیع
To free/to release	ایله کوي
Faith	ایمان
Ayurveda : Life Knowledge	ایورودا (سانسکریت)
Load	بار
Cargo	بارګیره
Garden	باغ
Pessimism	بد بینی

Bad behaviour	بد چلند
Do someone harm	بد رسول
Miseries	بدبختیو
Heresy	بدعت
Change frequently	بدل رابدل
Bad reputation	بدنامۍ
Outstanding	برجسته
Founder	بنسټ ایښودونکی
Bracelets	بنګړي
Feathers	بڼکو
Foreigners	بهرنیانو
Hemorrhoidal	بواسیر
The elderly	بوډاګان
Tornado	بورېوکۍ
high nose	بوکه پوزه
Smell	بوی
Instability	بې امني
Cowardice	بې غیرتی
Without way, misguided	بې لارې
Without any reason	بې له کوم دلیل
Unmarried	بې واده
Poor	بې وسو
Reconstruction	بیا رغونه
Verses	بیتو
At all	بیخي
Various	بیلابیلي (مونث)
Poverty	بیوزلی
Pope	پاپ روحاني
To fail	پاتې راتلل
Solid faith	پاخه ایمان
Investment	پانګونې
Capital	پایتخت
To stay, permanence	پایښت
Honor	پت ، عزت ، ناموس

Himself	پخپله
Broad scale	پراخه پیمانه
Masses	پرگنو
Continuous	پرله پسې
Advancement	پرمختګ
Rival groups or gangs	پری جمبی
Avoid /prevent	پری نه ږدي
Blame /accused	پړ
Phases of mystic purification	پړاوونو
Compatively	پرتلیزه
Nose	پزه
Leg, a branch of a clan	پښه
Investigate	پلټنه
Advice	پند
With regrets	په افسوس
Generally	په ټولیزه توگه
Among themselves	په خپلو منځو کې
To fight among themselves.	په خپلو منځو کې شخړې کول
Officially recognize	په رسمیت پیژندل
Married at a young age	په کم عمر واده شوی
Was obtained	په گوتو ورغی
On the occasion of	په مناسبت
Going dry	په وچیدو
With confidence	په یقین
Military	پوځی
Question	پوښتنه
Political agents	پولیتیکل ایجنټان
knowledgeable	پوهيدا
complicated	پیچلی
Mystic leader	پیر
Followers	پیروان
Money	پیسو
Taunt	پیغور

Coronation	تاج اينبودل
Provide	تامينوي
Retribution, damage	تاوان
To wrap	تاوول
We will ruin	تباه کوو
To be ruined	تباه کيدل
To change	تبديليو
Propaganda, publicity	تبليغاتو
Business	تجارت
Research, investigation	تحقيق
Changes	تحولات
They are much older than they (the women) are	تر دوی یی عمر بنه زيات دی
Deliberation	تامل ta'amul
One who completes something	تر سره کونکی
Rivalry (among cousins)	تربګني
Son of paternal uncle/ cousin	تربور
Manners, teaching politeness	تربيت
(By, along	ترخنګ
Secretion /leakage	ترشحات
Progress	ترقي
Progressive and prosperity	ترقي اوسوکالي
Son of paternal uncle/ cousin	تره زوی
Bitter	تريخ
Bitter	تريخ
Way /also used as tribal norms	تړه
Calm/tranquilization	تسکين
Control, domination	تسلط
Surrender	تسليم
Decision	تصميم
Image	تصوير
Interpretation	تعبير اوتفسير
Aggression	تعدا يا تعدی
Educated	تعليم يافته

Education	تعليم
Thought	تفكر
Effort	تكل
To perceive	تلقي
Balance, scale	تله
Tendency	تمايل
Slim youth	تنكي ځوانان
Differences	توپير ونه
Warm welcome	تودهركلى
Accuses	تورنوي ToranaWI
Black coworker	توره همكاره
Expectation	توقع
last	تېر
Scattered	تيت پرک
Aggressor	تيريگر
Dark (a color modifier)	تيز
Violation	تيرى
(said of taste)	تيز tayz
Come to a dead stop	تپه دريدل
Was ending (idiom: its memorial rug was being rolled up)	ټغر ټوليده
Broken to pieces	ټوټه ټوټه
Socio-economic	ټولنيز اقتصادي
To feel inferior	ټيټ احساس
To secure	ټينګولو
Consistent	ثابت
a scholar's name	جاحظ
Current	جاري
Air plane /for ship as well	جاز
Interesting	جالبه
Interesting points	جالبي نكتي
Principal mosque	جامع جومات
Clothes	جامي
Estates	جايدادونه

Serious commitment	جدي ژمني
Recruitment	جذب
Republic	جمهوريت
Roots	جرړې
Crime	جرم jurm
War torn	جګړو ځپلي
Long neck	جګه غاړه
Gender	جنسيت
War	جنګ
Corn	جوار
Mosque	جومات
Authorities, those in charge	چارواکي
Plumpness	چاغښت
Fast, quick-moving	چست اوچالاک
Not much	چندان
Relatives and employees	حشم
True love, love of God or Truth	حقيقي مينه
Allowed, kosher	حلال
Remit, Transfer	حواله
Status	حيثيت
Self praise	ځان ستاينې
Special	ځانګړو
Unique	ځانګړي
Taking the place	ځای نيوني
Earth, land	ځمکه
Answers	ځوابونه
Watched	څارله
Grazing fields	څر ځای
Grazing area	څرځای
Owner	څښتن
Owner	څښتن
Edge	څنډه
Somewhat	څه نا څه
Research	څيرنه

Family relations	خانداني روابط
To disclose the matter.	خبره ښكاره كول
Resentment	خپگان
His beauty	خپل ښايست
A figurative expression for proposal	خپله شړۍ ستاسو له شال سره غوټه كړو
To take possession of something	خپلولو
Establish a relationship	خپلوي كول
Mud, clay	ختو
East	ختيځ
Crew accompanying the king	خدم
Characteristics	خصايلو
Characteristics	خصوصيات
Impediment	خنډ
Calf	خوسی
Fear	خوف
(shut his mouth)Idiomatically	خوله كلكه وتړي
Enjoys	خوند اخلی
Charitable institutions	خيريه موسسي
Clan	خيل
Charitable Organization	خيريه مؤسسه
Plow Bulls	د قولبی غوايان
A strike of the rod (whip)	د لښتی گوزار
Has the status of a large impediment	د لوی خنډحيثيت لری
Horse riding	داسونو سپرلي
Play with fire	داورسره لوبي كول
Always	دايماً
Saying to himself lit. Under (his (moustache	دبريتو لاندې ويل
To marry someone else 's daughter to one's son	دبل لور زوی ته كښينول
Noteworthy	دتوجه وړ
To connect to the state	ددولت پورې تړل
Medication	درملنه

Status	(oblique) دريځه
Third party	دريمګړی
Three seconds	دريو ثانيو
Curve or graph or life	دژوند منحني
The turban tying ceremony	دستار بندي
Custom	دستور
Plain, prairie	دښته
The declaration of faith spoken by Muslims	دشهادت کليمه
Office	دفتر
Court of Law	دقانون محکمه
World Conqueror	دنړی فاتح
The Center of the target	دنښي منځ
Influential people	دنفوذخاوندان
The consent of the boy and the girl	دهلک اونجلی رضا
Wedding expenses	دواده لګښت
To consolidate power	دواک قوي کول
Tradition	دود Dode
Customs	دودونه
Traditional	دوديزو
Cycle, session	دوره
The Dorr tribe	دوړ
Enmities	دوښمنيو
Walls	دېوالونه
Guest room (often used for music, etc.)	ديري (ديره) day.RA
Religion and state	دين اودولت
Guest house	
Give, offer	ډالی
Thick lips	ډبلي شونډې
Groups or crowds	ډلو ټپلو
Thinness	ډنګرتوب
They were after me	را پسی وو
Lift, raise	راپورته کړه

Have crumbled	راتوکیدلي
(plural)Came	راغلل
To be overturned	رانسکوریدو
To marry (to my son)	راواده کول
I reached	راورسېدم
Turn away from	راوګرځوي
Rank, Grade	رتبه
Beating	رټلو وهلو
Hope	رجا
Official	رسمي
The media	رسنۍ
Media	رسنیو
The Prophet (Peace be on him)	رسول (ص)
consent	رضا
Consent and choice	رضا اوخوښه
Reconstruction	رغاونه
Competition	رقابت
Colourful feathers	رنګه بڼکي
Spiritual	روحاني
Satisfied, willing	راضی
Psychological and physical	روحي اوجسمي
Conduct	رویه
Old	زاړه
Cranes	زانې
Agriculture	زراعت
Not feel like it	زړه نه کیږي
Times	زمانه
Lion	زمری
Figurative: Accept our son as your son-in-law (lit. your slave)	زموږ زوی په غلامی ومنی
Land owners	زمینداران
Pale	زیړنک
(someone)Saving	ژغورون
Promises	ژمنې

Far reaching effect	ژوراغیز
Biography	ژوند لیک
Jaundice	ژیړی
Protector	ساتندوی
Causes	سبب گرځي
Causes /reasons	سببونه
To submit	سپارل
Humiliate	سپکاوی
Clay compounds	سپیرو کلاگانو
White turban	سپین پټکی
White turban	سپینه لونګۍ
Great leader	ستر زعیم
Stare	سترګی ګنډل
The situation seen by eyewitness	سترگو لیدلی حال
Large Field	سترمېدان
Throat	ستونی
Generosity	سخاوت
Strict traditions	سخت دودونه
In addition to	سر بیره پر
Border	سرحد
Rebellious	سرغړوونکی
Rebellious	سرکشه
Headline	سرلیک
Survey	سروی
Introduction	سریزه
Punishment	سزاگانو
Chess	سطرنج satranj
Songs	سندرې
Dignified	سنګین
Coast	سواحلو (ساحل)
Peace	سوله
The Book of Politics	سیاست نامه
Political stability	سیاسي ثبات
Equal in status	سیال

People from the area	سیمه دارانو
Regional	سیمه ییز
Chest	سینه
Educational	ښوونیز
City	ښار
Effeminate	ښځنوک
Hunting	ښکار
Beauty	ښکلا
Entangled	ښکیل
prosperous	ښیرازه
Benefits	ښیګڼې
Similarity	شباهت
Wealth	شتمني
Disputes, problems	شخړې اولانجې
Biography	شرح حال
Legal matrimony	شرعي نکاح
Eastern and Western	شرقي اوغربي
Shame	شرم
Sharia	شریعت محمدي
Consciousness, sense	شعور
Torture	شکنجې
Analysts	شنوونکي
Martyr	شهید
Insurgency	شورش
A religious or pious person	شیخ
Health	صحت
.A pitcher with long neck	صراحی
Confiscated	ضبطولو
Antidote	ضد سموم
Blow (a hit)	ضربه
Harms	ضررونو
Attachment	ضمیمه
Theological student	طالب العلم
Tribes	طایفي

Natural compounds	طبيعي ترکیبات
Style	طرز
Lover	عاشق
Scholar	عالم
Scholars	عالمان
Factor	عامل
Public services	عامه خدماتو
Learn from a mistake	عبرت
Justice	عدل
Painful death	عذاب كشه
Heaven, sky (a holy place)	عرشه
Love	عشق
Faith	عقيدې
Science, knowledge	علم
Peace be upon him	عليه السلام
To refuse to submit	غاړه غړول
Revenge	غچ
A scholar' s name	غزالي
A lyrical form of poetry	غزل
Brown complexion (wheat color)	غنم رنگه
Tied	غوټه کړ
Meeting/gathering	غونډه
Non-Muslim	غير مسلم
Along	فاصله
Did fortune telling	فال کتلو
Conspiracy	فتنه
Religious opinion or edict	فتوا
Pride	فخر
Opportunity	فرصت
Culture	فرهنگ
Chapters	فصلونه
Art, Skill	فن
Natural, born	فطری fet.RI
Poverty	فقر

An old book in Farsi	قابوسنامه
Continent	قاره
Chief Justice	قاضی القضات qazi ul quzat
Tribe	قام
To accept	قبلول
Tribal	قبیلوی
Lust for power	قدرت طلبی
Ancient	قدیمو
Quaranic Law	قراني قانون
Intention	قصد
Swear	قسم qaSAM
To plow	قولبه کول
Ethnic circles	قومي کړی
Make do, tolerate	گوزاره
Enough	کافي
Candidate	کاندید
Writing	کتابت
Seat	کرسي
Disdain	کرکه (کرکې) KRE.ka
(links in a chain)Rings, links	کړیو
Business, occupation	کسب وکار
Get off	کښته کېدل KSHATTa kayDEL
Owner	کښیناستم
Struggle, tension	کش ماکش
Mind reading	کشف القلوب
Villages	کلیو
Underaged	کم عمر
To ambush/take ambushes	کمین وهل
Alley, street	کوخه
Common owenership	گډ مالکیت
Confusion	گډوډي
Confusion	گډوډیو

Take parts/participation	گډون
Difficult	گران
(humor)With hot disposition	گرم مزاج
Extended family	گڼ فاميل
Thick, dense	گڼې
Threat	گواښ
Threat /warning	گواښنه
Water pass	گودر
Gorbez	گوربز
Attack	گوزار
Make do	گوزاره
The fox	گيدړي (oblique)
May increase it even more	لا زياتولای شی
Teachings	لارښووني
Chose, opted for	لاره خپله کړه
Saliva	لاړې (د خولی لاړی)
Achievements	لاس ته راوړني
Blesses, shows kindness	لاس راکاږي
Give up	لاسونه ومينځي
factor	لامل
Wotthy	لايق
Search	لټه
Ancient instrument	لرغوني اله
Decades	لسيزو
Whip, rod	لښته
Branch, rod	لښته
Touch, hit	لگيدل
Grand son	لمسی
Apron, skirt	لمن
Lead worshipers in prayer	لمونځ ورکول
Economically	له اقتصادي پلوه
Full of sadness	له خپگانه ډک
Became infidels	له دينه اوښتل
Leave the country	له وطنه ووځي

High ranking	لوړ پوړي
Being tall	لوړ قد
We read	لولو I.WA.loo
West side	لویدیځ پلوه
Continent	لویه وچه
Big gates	لویي دروازې
Great majority	لوی اکثریت
Move	لیږدېدنه
Literate	لیک لوستو
But	لیکن
Confidence	لیوالتیا
It made me upset, I was angered	ما ته یی زور راکړ
Broken Promises	ماتی شوې ژمنی
Reference	ماخذ
Childhood	ماشومتوب
Animal husbandry, raise livestock	مالداري
Tax	مالیي
Experts	ماهران
A scholar's name	ماوردي
Exaggeration	مبالغه
Humble, modest	متواضع
Metaphoric (physical) love	مجازي مینه
	مجبور
Content	محتوا
Content	محتویات
Researchers	محققانو
Court	محکمي
Regions	محلاتو
Local khans	محلي خانان
Disagreements	مخالفتونو
prevention	مخنیوی
Ceremonies	مراسمو
Atheist	مرتد
Kid (baby goat)	مرغومی

central	مرکزي
Was used, was common	مروج وو
Follower of a mystic	مريد
Having no vigor, being depressed	مړاويتوب
Wrist	مړوند
Coast	مزله
Tasty	مزه داره
Tasty soup	مزه داره ښوروا
Orientalists	مستشرقان mostashreQan
fortified	مستحکم
Orientalists	
Responsibility	مسوليت
(tribe)Masid	مسيد (مسعود)
Beak	مښوکه
Polytheists	مشرکانو
Legitimacy	مشروعيت
Being a elder, leadership	مشرولي
Leader (oblique for مشره)	مشري
problems	مشکلات
Consultation	مشوره
Crucify	مصلوبول (د صليب څخه)
In accordance to	مطابق
Purpose	مطلب
Ulcer	معدي زخم
Usually	معمولا
non-material, spiritual	معنوی ma'naWI
Criterion	معيار
Criteria	معيارونو
Proud, arrogant	مغرور
Confrontation	مقابله
Mullah, a Muslim priest	ملا
Support	ملاتړ
Supporter (lit. tied belt around the waist)	ملاتړی

considerations	ملحوظات
United Nations	ملگرو ملتو
parliament	ملي شورا
Mullahs	مليان (ملايان)
Position, Rank ,	منصب
Organized anarchy	منظمي انارشی
Denier	منكر
Jug, pitcher	منگی
Proverb: What goes around comes around	مه كوه په چا چې وبه شي پر تا
Matching, compatible	موافق
Goals	موخو
Institutions	موسسی
Music	موسيقي
Charged/ordained	موظف
Location	موقعيت
Position (physical)	موقعيت
Find	مومو(موندل)
Invitation for dinner	ميلمستيا
Married woman	ميړوبنه ښځه
Evil	ناخوالو
Poor	ناداره
Coquettishness	ناز اونخرو
Delicate	نازک
Dance	نڅاه
Thinness	نريوالی
Blood relations, genealogy	نسب
Relatively	نسبتا
Generation	نسل
Lack	نشتون
Regime	نظام
Opinion survey	نظر پوښتنه
A kind of poem	نظم
Gas, bloat of the abdomen	نفخ وباد

Influence	نفوذ
Population	نفوس
Matrimony	نکاح
(beginning of a tale)They say..	نکل کوي
These days	نن سبا
Brave	ننګیالی
Rivalry, honor	ننګ اوسیالی
A traditional custom of pleading forgiveness	ننواتي
Did not appear	نه بریښیدل
Very hard (ref. 9 stages of resilience)	نهه قصیده
Other birds	نور مارغان
Was named, called	نومیده
Intention /attempt	نیت
Happiness	نیکمرغي
Half clear (said of sky)	نیم شین
Half cloudy	نیم وریځ
Half-done, incomplete	نیمګړی
Subcontinent	نیمه قاره
poverty	نیستی
Incomplete	نیمګړی
Graveyard	هدیره
Kinship, blood relationship	هډشریکی
Everything was enjoyable	هر څه په مزه روان وو
It can't be just like that	هسی کیدای نه شی
Would harras me just like that	هسی یی ځورولم
Efforts	هلو ځلو
Flat plate	هوار پشقاب
Wedding	واده
Gradually	وارپه وار
Reality	واقعیت
Realistic	واقعبینانه
In charge	واکمن
(subjunctive)To fly	والوزي

Dry	وچوبي
Growth	ودې
Gets married	وديږی
Going out	ور وتل
Similar	WAR.ta ورته
In backward (developing) societies	وروسته پاتی ټولنو کی
In the context : to be nominated	وړاندې کېدل
Wings	وزرونه
Unemployed	وزگار
Without work	وزگاره
Primeminister	وزير اعظم
Killing	وژنه
Expand on	وسپړه
Situation	وضع
Promise	وعده
Condemned	وغندلي
Provinces	ولایاتو (ولایت)
Power, control	ولکې
Accepted	WUmaneh ومانه
Divided	ويشلی
To shoot	ويشتل
Attack	يرغل
Certainty	يقين

38264096R00128

Made in the USA
Middletown, DE
18 December 2016